재미있게
읽다보면
외워지는
영어숙어단어

내 영어가 '좀더 고급스러워지는' 방법!

재미있게
읽다보면
외워지는
영어 숙어 단어

박진호 지음

푸른영토

오래전 국내의 한 유력 일간지에서 대한민국에서 영어를 배우고자 하는 학생이나 일반인이 영어 학습에 투자하는 돈이 수조에 이른다는 기사를 접한 적이 있다. 영어의 필요성이 더욱 절실한 요즈음 어린이에서 성인에 이르기까지 영어에 바치는 시간과 비용 그리고 유학 비용까지 합하면 그야말로 그 금액은 수십 조에 이르지 않을까 하는 것이 필자의 생각이다.

필자를 포함, 대부분의 세대들이 'I am a boy', 'How are you?', 'Fine, thank you, and you?'로 영어를 시작한다. 과거나 지금이나 우리나라의 영어 교육은 귀한 돈과 시간을 낭비하는 비효율적인 시스템을 고수하고 있다. 이런 시스템에는 반드시 변화가 필요하다.

영어는 그리스 로마의 영향과 더불어, 기독교와 성경의 헬레니즘, 이슬람 문명, 셰익스피어 같은 대문호 그리고 인도의 범어 등, 다양한 언어와 문화가 녹아 있는 용광로와 같다. 영어를 잘하기 위해서는 말하기, 쓰기, 듣기 같은 삼위일체도 중요하지만 많은 어휘를 암기하고 그와 관련한 정확한 뜻을 알고 자기 것으로 만드는 것이 무엇보다 중요하다.

부족하나마 필자는 이 책을 통해 다양한 역사와 문화와 관련한 영어 표현들에 숨어 있는 유익하면서도 흥미진진한 이야기들을 파헤쳐 독자들에게 들려주고자 했다. 이 책을 통해 독자는 단순 암기식의 딱딱한 학습에서 벗어나 각 영어 표현들이 가진 재미있는 어원을 함께 살핌으로써 상식의 폭도 넓히면서 해당 표현들을 효과적으로 익힐 수 있을 것이다.

영어는 만국공통어다. 더욱이, 입시생이나 취업 준비생, 각종 국가 공인시험을 준비하는 이들에게 영어는 필수다. 이 책은 이런 학생들에게 다양한 영어 표현들의 기본적인 개념을 알려주는 유용한 책이 될 것이다. 또, 학창시절, 영어를 좋아하고 관심이 많았던 일반인들에게는 좋은 교양서의 역할도 할 수 있을 것이라 믿는다. 아무쪼록 이 책을 통해 학습자들이 영어에 대한 흥미를 계속 유지할 수 있기를 바란다.

차 례 —● CONTENTS

들 어 가 는 말 | 4

내 영어가 '좀 있어보이는' 방법!

재 미 있 게
읽 다 보 면
외 위 지 는
영어 숙어 단어

일러두기

본문에 **별색으로 표기된 단어**는
회화와는 관계없는 순수 숙어 단어 암기 위주로 편집되었습니다.
예를 들어 '널리 퍼지게 되었다'를 번역하면 'Became widespread'이지만
'널리 **스프레드**(spread 퍼지게) 되었다'란 식으로 편집되었습니다.

이 책에 본문 속 영어 다음의 괄호 안의 한글로 표기된 원어민 영어 발음은
네이버 파파고의 표기를 따랐습니다.

신은 위대하다
Allahu Akbar

이슬람을 믿는 아랍사람들이 입에 늘 달고 사는 말이 있는데, Allahu Akbar(앨라후 액버)가 그것이다. 그들은 즐거울 때나 슬플 때, 화날 때 심지어 전쟁 중일 때도 이 말을 입에 달고 다닌다. 이렇게 의식적으로나 무의식적으로 습관적으로 내뱉는 문구를 만트라(Mantra)라고 하는데, Mantra(맨트러)는 힌디어에서 온 불교용어로 기도나 명상 때 늘 외는 불경의 주문(呪文)을 말한다.

요즘 ISIS 밀러턴트스(Militants 무장단체)가 미국이나 서방의 저널러스트스(Journalists 언론인)들이나 민간인들을 인질로 잡고 전 세계가 보는 앞에서 비헤딩(Beheading 참수)을 하는 무서운 장면이 비디오를 통해 공개되어 충격을 주고 있다. 칼을 든 ISIS 병사가 Beheading을 행하기 앞서 소리치는 것도 Allahu Akbar였다.

현재 영국, 프랑스, 캐나다 또 벨기에(Belgium)에서 이즐라믹 익스트리머스트스(Islamic Extremists 이슬람 과격주의자)들의 폭탄테러가 자행되고 있다. 자신의 몸에 폭약의 띠를 두르고 사람들이 붐비는 서붸(Subway 지하철)나 마아컷플레이스(Marketplace 장터)의 한 가운데서 몸을 산산조각으로 터뜨리는 마지막 순간에도 이

들이 외치는 것이 Allahu Akbar이다. Allahu Akbar는 이슬람교도들의 신에게 바치는 신앙고백으로 Takbir(탁버)라고도 한다. 원래는 신을 찬양하는 좋은 의미였으나 점점 무서운 느낌이 드는 **프레이즈**(Phrase 어구)로 변질되었다. 아랍어이지만 Allahu Akbar나 Takbir는 뉴스나 방송에서 늘 듣게 되는 익숙한 단어가 되었다.

또 하나의 Mantra가 아랍인들이 약속을 정할 때, 일을 시작할 때, 계약을 체결할 때 늘 입에 올리는 말이 Inshallah(인셜러)인데 **가드 윌링**(God Willing 신의 뜻으로), **이프 알러 윌즈**(If Allah Wills 알라가 의하는 대로)의 의미이다. 최선을 다하겠지만 결과는 신에 달려있으며 인간의 행동은 신의 섭리를 **수퍼시드**(Supercede 대신하다)하지 못한다는 의미이다. 서방의 기업들이 아랍사람들과 사업의 체결을 할 때, 가장 당혹해 하는 부분이다.

할머니는 친근하니까 만만하다(?)
Run Grandma Over

우리나라에서 대중음식 프랜차이즈에 '할매'가 많이 붙는다. ○○할매국밥, ○○할매순대국 등등으로 쓰는데 공짜이며 할머니가 주는 친근한 이미지를 이용한 것일 것이다. 영미에서도 할머니하면 어릴 적 아련한 향수를 불러오는 친숙한 존재다. 그래서 할머니에게 나쁜 짓을 하면 정말 못된 인간으로 낙인찍힌다.

정치지도자나 재벌, 깡패두목들에겐 지시하면 맹목적으로 수행하는 **헨치먼**(Henchman 심복)이 있다. 무슨 짓이던 하는 이런 Henchman을 비난할 때 종종 쓰는 표현이 있다.

He Will Do Anything For His Boss, He Would Run His Grandma Over With A Truck
그는 보스를 위해서라면 어떤 짓이라도 한다. 지 할머니도 트럭으로 치고 넘어갈 걸.

미국에서는 **엘덜리**(Elderly 노인)들을 위한 의료보장제도가 있어 이것을 Medicare(메디케어)라 하는데 국고는 엄청난 **버짓 데퍼**

셧(Budget Deficit 재정적자)을 보고 있다. 하지만 **리버럴즈**(Liberals 진보주의자)들은 이 제도를 확대해야 한다고 주장하고, **컨서버티브즈**(Conservatives 보수주의자)들은 복지 **베너핏스**(Benefits 혜택)의 범위를 줄이자고 한다.

한 치의 양보도 없이 대결이 계속되는 가운데 Liberals는 TV에 광고 동영상을 내 보냈다. 한 Conservative가 휠체어에 탄 할머니를 언덕위에 데려가 밀어버리는 장면이었다. 밑에는 이런 자막이 흘러간다.

They Push A Grandma Off The Cliff In Her Wheelchair
그들은 휠체어에 탄 할머니를 절벽에서 밀어버리고 있다.

무자비하게 냉혹하게

In Cold Blood

사람이 격분하면 피가 끓는다고
표현하고 성격이 과격한 사람을
다혈질이라고 하며 잔혹한 성격
을 가진 인간을 보고 냉혈한이라
고 한다. 피가 사람의 성격이나 **템프러먼트**(Temperament 기질)에
관계한다는 속설에서 나온 것일 것이다.

분노가 치민 상태에서 남에게 상해를 가하거나 사망에 이르게
할 경우, 가해자의 **하아트빗**(Heartbeat 심장박동)은 빨라지며 숨이
거칠어지고 혈압이 상승한다. 이 때 피가 뜨거워졌다고 한다.
그러나 드물게 정신이상자 중에는 남을 해하는 순간에도 숨결
하나 변하지 않고, 잔인한 짓을 할 때도 아무런 마음의 동요도
없는 사람들이 있는데 이런 마음의 상태를 Cold Blood(코울드
블러드)라고 한다.

프랑스어에 Sangfroid란 말이 있고 영어에서도 고상한 표현
으로 많이 쓰이는데 불어 Sang은 영어로 Blood, Froid는 Cold,
Sangfroid는 Cold Blood란 의미인데 '냉정', '침착'의 뜻이 되
었다. 하나 덧붙이면 '아무 위로가 되지 않는 위로'는 Cold

Comfort(코울드 컴퍼트)라 하고, 진정한 타짜는 도박판에서 아무리 큰돈을 잃거나 따도 눈동자 하나 흩트리지 않는 침착함과 여유를 부리는데, 이런 냉정함을 Sangfroid(생프로이드)라 한다.

Professional Gambler Take Both His Wins And Losses With Remarkable Sangfroid
프로도박사는 승리와 패배에 대해 놀라운 냉정함을 보인다.

He Was Killed In Cold Blood In Broad Daylight
그는 백주대낮에 잔인하게 살해되었다.

In Broad Daylight
넓은 햇빛아래서, 백주대낮에.

관에 박는 마지막 못
Last Nail In The Coffin

장례식의 마지막에는 **코핀**(Coffin
관)의 주위에 못을 박아 매장을 하
게 된다. 어떠한 안 좋은 일이 계
속 이어지다 재기불능의 결정타

를 날릴 때, 영어 숙어에서 Hit The Last Nail In The Coffin(힛 더
래스트 네일 인 더 코핀)라고 하는데, 이것은 너무나도 많이 쓰는
표현이다. Last 대신 Final(파이널)을 쓰기도 한다.

또 Hit The Nail On The Head(힛 더 네일 안 더 헤드)도 오싹하게
들리는 관용어구이지만 원뜻을 알게 되면 그다지 무섭지만은
않다.

사실 이때의 **헤드**(Head 머리)는 사람의 머리가 아닌 못의 대가리
를 말하기에 Hit The Nail On The Head는 '못 머리를 단 한 번
에 정확히 쳐서 못을 깊숙이 박았다'는 말로 '정곡을 찌르다', '상
황에 적절한 말을 하다'의 의미가 된다.

영구미제사건은 차가운 사건

Cold Case

하머사이드(Homicide 살인)나 **애브덕션**(Abduction 유괴) 같은 충격적인 범죄가 발생하면 경찰차가 달려오고, 구경꾼들이 모이며, 기자들과 방송국의 카메라가 모여들어 바빠진다. 현장이 뜨거워지는 것이다. 그러다 오랫동안 범인의 **클루**(Clue 실마리)도 없어 **케이스**(Case 사건)가 미궁에 빠지면 사람들의 관심도 식게 된다.

이렇게 오래 해결되지 못한 사건을 Cold Case(코울드 케이스)라 한다. 사건이 식어가고 사건파일은 **코울드 케이스 스토어리지**(Cold Case Storage 미제사건 보관창고)에서 차가워진다.

미국에서는 **머더**(Murder 살인), **레입**(Rape 강간), **키드내핑**(Kidnapping 유괴) 같은 **펠러니**(Felony 중범죄)는 공소시효가 없으며 영구히 보관된다. **스태춧 어브 리미테이션**(Statute Of Limitation 공소시효)은 어렵지만 아주 중요한 숙어이다.

그리고 몇 십 년이 지나서라도 유능한 **인베스터게이터**(Investigator 수사관)들로 구성된 **코울드 케이스 유닛**(Cold Case Unit

미제사건전담) 팀에서 끝까지 밝혀낸다. 최근에는 DNA를 이용하는 첨단수사와 과학수사의 발전에 힘입어 미제사건이 속속 해결되어지고 있다.

'사건이 미궁에 빠지다'는 Go Cold(고우 코울드), Grow Cold(그로우 코울드), Remain Cold(리메인 코울드)라 하며, '아주 오래 미궁에 빠지면'은 Go Ice Cold(고우 아이스 코울드)라 표현하기도 한다.

죽은 자가 걸어 간다
Dead Man Walking

1980년 5월 미국 루이지애나(Louisiana) 주, 한밤에 으슥한 공원에서 데이트를 즐기던 10대 커플이 괴한의 습격을 당한다. 남자친구는 머리에 총격을 받아 그 자리에서 살해되었고 18세 소녀는 강간을 당한 후 칼에 찔려 무참히 살해되었다.

범인이었던 로버트 리 윌리(Robert Lee Willie)는 곧 체포되었고 약물주사(Lethal Injection)에 의한 **센턴스 투 데쓰**(Sentence To Death 사형 선고)가 되었다. **데쓰 로우**(Death Row 사형수 수감 건물)에서 집행날짜를 기다리는 그에게 한 **넌**(Nun 수녀)의 편지가 도착하고 **코어러스판던스**(Correspondence 서신)는 수년에 걸쳐 이어졌다.

서신이라는 Correspondence란 단어는 길고 어렵지만 중요한 단어이다. 먼 곳에서 소식을 전해주는 특파원은 Correspondent라 한다. **시스터**(Sister 수녀)의 이름은 헬렌 프레이쟌(Helen Prejean)이었고 Louisiana(루이지애너)의 빈민가에서 봉사를 하는 한편, **데쓰 로우 인메잇스**(Death Row Inmates 사형수)들을 상대로 교화도 하는 수녀였다.

Willie는 불우한 환경에서 자랐고 비뚤어질 대로 비뚤어진 사내였다. 자신이 저지른 흉악한 짓에 대한 **리펜턴스**(Repentance

반성)나 **리모어스**(Remorse 가책)는 조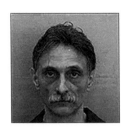
금도 없는 자였다. 그는 여성을 증
오하는 **섹시스트**(Sexist 성차별자)였고
코케이전(Caucasian 백인)이었던 그는
흑인이나 아시아인은 개보다 못하
다는 **레이시스트**(Racist 인종차별주의자)로 **에어러건트**(Arrogant 오만)
했다. 그의 눈은 세상에 대한 **엔머티**(Enmity 적개심)로 가득 찼고
내뱉는 말에는 독기가 서려있었다. 그런 그가 Sister Helen이
가슴을 열고 따스하게 다가가자 서서히 자신 안에 있던 Enmity
를 버리고 죄를 뉘우치기 시작한다. 수녀는 Nun이라고 하지만
수녀님을 부를 때는 Sister라고 해야 한다.

사형이 집행되는 날, 그의 처형을 보기위해 소년과 소녀의 부
모님이 도착했다. Willie는 눈물을 흘리며 진심어린 사죄를 양
쪽 부모에게 하고 자신의 죽음이 당신들에게 위로가 되기를 바
란다며 용서를 구했다.

Willie에게 마침내 **엑서큐션**(Execution 집행)의 날이 왔다. 여러 명
의 간수의 호위 하에 수갑과 발에는 차꼬를 차고 오랏줄에 묶
인 채 Willie는 형장으로 끌려가고 **워어던**(Warden 교도소장)이 앞
장서서 "Dead Man Walking(데드 맨 워킹)"이라고 소리친다. 사
형수를 형장으로 끌고 갈 때 Dead Man Walking이라고 외치는
것은 지금은 폐지되었지만 당시에는 관습이었다.

마지막 길을 배웅해주는 이들은 같은 Death Row에 수감된
Death Row Inmate들이었다. 제각기 자신의 감방에서 식기나

세면기를 들고 철창에 대고 두드리면서 Willie가 앞을 지나갈 때 Dead Man Walking을 합창하고 있었다.

'사형수 수감건물'을 Death Row라 하고 '사형수로 처형을 대기 중인'이란 On Death Row(안 데쓰 로우), '사형수'를 Death Row Inmate라 하는 것은 매우 중요한 낱말이다. Inmate(인메이트)는 '재소자', '수감자'의 뜻이다.

Willie는 진정으로 죄를 뉘우치고 있었고 다시 기회가 주어진 다면 온전하고 행복한 삶을 살고 싶었을 것이다. 그러나 때는 늦었다.

외로운 늑대
Lone Wolf

늑대는 관찰해보면 **미스티어리어스**(Mysterious 신비)한 동물이다. 그들은 **라이브 인 어 팩**(Live In A Pack 무리를 지어 살아가며)하며 군거생활을 하는데 **피메일**(Female 암컷)과 **메일**(Male 수컷)은 한번 **메이트**(Mate 짝을 지으면)하면 죽을 때까지 다른 이성에 눈을 두지 않는다.

새끼는 한배에 4~6마리를 지하 **덴**(Den 토굴)에서 낳는데 갓 태어날 당시에는 장님에 벙어리로 태어난다. **월프 팩**(Wolf Pack 늑대 무리)은 십 수 마리로 구성되어 **앨퍼 메일**(Alpha Male 우두머리 수컷)이나 **앨퍼 피메일**(Alpha Female 지배적인 암컷)이 이끈다. 그러나 Female이 나이가 들면 Pack에서 쫓겨나게 되는데 이는 **인브리딩**(Inbreeding 근친교배)을 막기 위한 것으로 보인다. 또 Alpha Male이 노쇠하면 우두머리의 자리를 노리는 2인자인 Beta Male 늑대에 의해 추방되어 추운 들판을 헤매게 된다. 이렇게 무리에서 떨어져 나와 혼자 떠도는 늑대가 Lone Wolf(로운 월프)이다. Alpha(앨퍼)와 Beta(베이터)는 그리스 알파벳의 '첫 번째'와 '두 번째' 글자이다.

늑대들이 가장 좋아하는 먹잇감은 말이나 사슴, 소 같은 발굽

이 있는 **엉귤레이트**(Ungulate 유
제류)로 큰 짐승인데, 이런 것들
을 쓰러뜨리려면 서로의 긴밀
한 **컬래버레이션**(Collaboration 협
업)이 필요하다.

Lone Wolf는 혼자서 사냥이 불가능하기에 늘 배가 고프고, 토
끼 같은 작은 동물이나 **케어리언**(Carrion 썩은 짐승의 고기)만으
로 살아가야만 한다. Lone Wolf는 그래서 사납고 **어그레시브**
(Aggressive 공격적)하며 위험하다.

인간사회에서도 마찬가지이다. 마음의 병이나 **이모우셔널 트
로머**(Emotional Trauma 감정에 입은 상처) 때문에 주위의 이웃과 어
울리지 못하고 외톨이로 지내는 사람이 있다. 그들은 번듯한
직업에 종사하지 못하고 **아드 자브즈**(Odd Jobs 허드렛일)를 전전
하며 혼자 있는 시간을 지하실이나 헛간에서 **리클루스**(Recluse
은둔자)로 보내는데, 이런 사람들도 Lone Wolf라 한다. 상처를
입고 쫓겨나 떠도는 늑대 같은 존재인 것이다.

종종 발생하는 테러사건에서 이런 외톨이들이 범인인 경우
가 요즘은 증가하는 추세다. 이런 테러리스트(Terrorist)들을
Lone Wolf Terrorist(로운 월프 테러어리스트)라 한다. Lone Wolf
Terrorist는 어떠한 테러조직에도 **어필리엇**(Affiliate 소속)되지 않
고 **커맨드 스트럭처**(Command Structure 명령체계)도 받지 않는다.
FBI나와 NSA같은 대테러기관(Counter Terrorism Task Forces)이 정
보를 파악하기 가장 어려운 종류의 범인들인 것이다.

'검은 과부'란 이름을 가진 거미
Black Widow

미국과 캐나다 같은 **노어쓰 어메리커**(North America 북미)에는 Black Widow(블랙 위도우)란 거미가 **윌더너스**(Wilderness 야생)에서 살고 있다. **낙터널**(Nocturnal 야행성)이며 맹독을 가져 **탁시서티**(Toxicity 독성)는 **래털스네익**(Rattlesnake 방울뱀)의 11배나 된다고 하는데, 으슥한 곳에 **카붸브**(Cobweb 거미줄)를 치고 **행 업사이드 다운**(Hang Upside Down 거꾸로 매달려)해 먹이를 기다린다.

몸통은 반들반들한 검은 색이며, 배에는 **아우어글래스**(HourglAss 모래시계) 문양이 나 있다. Black Widow는 생태계에서 몇 안 되는 **캐너벌리점**(Cannibalism 식인) 습성을 가진 짐승으로 알려져 있는데, Cannibalism은 '동족끼리 잡아먹음', '인육을 먹음'의 뜻으로 Cannibal(캐너벌)은 '동족끼리 잡아먹는 짐승', '식인종'을 말한다.

암컷은 수컷보다 크기가 두 배 이상이며 많게는 10배가 되기도 한다. **커플링**(Coupling 교미)을 할 때 암컷은 수컷이 **이재큘레이션**(Ejaculation 사정)을 할 즈음이 되면 날카로운 **팽**(Fang 송곳니)을 수컷의 목에 박아 **다이제스티브 엔자임**(Digestive Enzyme 소화효소)을 서서히 주입하는데, 이때 수컷은 **서머솔트**(Somersault 공중제비)를

할 것처럼 심한 몸부림을 친다. 고통스러워서가 아니라 사정의 쾌감 때문이며 쾌감에 의해 더 많은 정액을 내놓게 된다. 수컷의 몸은 흐물흐물하게 액체로 변하고 암컷은 맛있게 빨아 먹는다. 아비의 몸은 나중에 태어날 수 백 마리 새끼들의 영양분이 되는 것이다.

미국에서 배우자간에 일어나는 살인사건은 대부분 남편이 범인이지만 100건에 5건 정도는 부인에 의해 저질러진다고 한다. 이런 여성 살인자를 Black Widow라 한다. 로스앤젤레스에서 이런 사건이 나면 신문의 기사제목에 〈Black Widow Of Los Angeles〉라고 붙는 경우를 종종 볼 수 있다.

수컷거미에 있어서 짝짓기는 삶과 죽음이 달린 중대한 문제이다. 인간도 마찬가지이다. 결혼을 한다는 것은 운명이 걸린 엄숙한 문제이다. 남자나 여자 모두 배우자를 잘못 만나면 평생을 그르칠 수가 있다.

살생부(殺生簿)란 이름의 검은 두루마기
Blacklist

1630년경의 영국, 당시 국왕은 찰스
1세(Charles I)였는데 신하들과 사이
가 좋지 않았다. 역사상 가장 유명
한 재상이었던 올리버 크롬웰(Oliver
Cromwell)을 중심으로 뭉친 반대파
와 **시벌 워어**(Civil War 내전)를 벌이고
있었다. Civil War란 같은 민족끼리 이념의 차이나 정치권력을
놓고 나뉘어 싸우는 것으로 시리아 내전과 6.25전쟁이 대표적
이다.

유능하고 카리스마 넘치는 Cromwell(크라뮐)은 왕의 군대를 물
리치고 왕정을 폐지해 영국이 **리퍼블럭**(Republic 공화국)임을 선
언한다. 이것을 청교도혁명이라 하는데 Republic이란 왕을 부
정하고, 국민에 의해 선출된 **렙러젠터티브즈**(Representatives 대표)
가 나라를 다스리는 것을 말한다.

Cromwell은 Charles(찰즈) 1세를 **에너미 어브 더 퍼블릭**(Enemy Of
The Public 공공의 적)으로 규정하고 헌법재판소를 열어 왕의 목을
치고 만다. 이 때 사형에 기여한 판사들은 58명 이었다. **크라운**

프린스(Crown Prince 왕세자)였던 찰스2세(Charles Ⅱ)는 어머니의 고향이었던 프랑스로 도망가 겨우 목숨을 부지하고 다시 네덜란드, 스페인 등지로 떠돌이 생활을 한다.

1658년 Cromwell이 죽자 옛 신하들의 힘으로 찰스2세는 영국으로 돌아와 왕으로 추대되는데 이를 **잉글리쉬 레스터레이션**(English Restoration 영국왕실복고)라고 한다. Restoration이란 '원래의 상태로 다시 되돌리는' 것이란 뜻이다.

Charles 2세는 자신의 아버지의 처형에 찬성한 판사의 명단을 **로울**(Roll 두루마리)에 적어놓고 복수의 칼을 휘두르는데 이것이 Blacklist(블래클리스트)의 시초이다. Charles 2세는 아버지를 죽음에 이르게 한 판사 중 13명을 사형에 처하고 25명은 무기징역에 처했는데, 나머지 20명은 도주하여 지리멸렬하게 되었다. 두루마기의 색 자체는 검정이 아니지만 검은색은 죽음을 뜻하기에 Blacklist라는 이름이 붙었다.

'탁'하고 책상을 치니 '억'하고 죽다

Waterboarding

1987년 대학생 박종철군의 **워터보어딩**(Waterboarding 물고문)에 의한 사망은 대한민국의 역사의 큰 물줄기를 바꾸고 민주주의를 앞당겼다. Waterboarding의 역사는 1500년대부터 이탈리아나 스페인 등의 종교재판에서부터 **어이저네이트**(Originate 비롯되다) 되었다.

그 뒤 17세기에 들어 해상무역을 놓고 영국과 패권을 다투던 동인도회사(East India Company)의 네덜란드 상인들(Dutch Traders)이 영국의 **컴페터터**(Competitor 경쟁자)에게 Waterboarding을 자행하였다. 19세기에 들어 **엔라이턴먼트**(Enlightenment 계몽주의)가 확산되어 그 잔혹성이 알려지자 Waterboarding은 대다수 국가에서 불법화된다.

그러나 외면상으로의 폐지였고 2차 대전 때는 점령지에서 일본군이, 필리핀에서 미군이, 알제리에서 프랑스가 포로의 고문에 사용하였다. 캄보디아의 크메르루즈(Khmer Rouge)는 자국민을 상대로 사용하였고, 이어 칠레나 아르헨티나 등 중남미로 퍼져나갔다.

Waterboarding은 한 사람이 누울만한 크기의 **보어드**(Board 나무

판)에 대상자를 눕히고 **바운드**(Bound 결박)한 후, 입에 **클로쓰**(Cloth 천)나 셀로판(Cellophane)을 씌우고 주전자의 물을 코나 입을 통해 붓는다. 이 때 나무판은 머리를 아래로 하여 다리는 높이는데 10~20°의 경사를 유지한다.

천으로 입을 막는 것은 기도에 부어진 물을 대상자가 뱉어내 역류하는 것을 막기 위함이다. 피고문자는 **드라우닝**(Drowning 익사)의 고통을 겪지만 쉽사리 죽지 못하는 것은 머리가 아래쪽에 있어 폐에는 공기가 차 있어 물이 들어가지가 않기 때문이다.

익사는 3~4분이면 고통이 끝나지만 Waterboarding의 피해자는 **애스픽시에이션**(Asphyxiation 질식)의 끔찍한 고통을 반복해서 끝없이 겪는다. Waterboarding에는 **드라이 드라우닝**(Dry Drowning 마른 익사)라는 또 다른 명칭이 붙었다. 이 과정에서 대상자는 몸부림을 치다가 뼈가 부러지기도 하며, 뇌로 들어가는 산소가 박탈되어 **브레인 대머지**(Brain Damage 뇌손상)가 오기도 한다.

피고문자가 받는 '신체적, 정신적 고통(Physical And Mental Suffering)'은 너무나 큰 것이다. 고문자가 Waterboarding을 선호하는 것은 엄청난 고통을 주어 쉽게 자백을 받아낼 수 있고 고문의 **마아크스**(Marks 흔적)가 남지 않기 때문이다.

2002년 이후 부시행정부의 **워어 안 테러어리점**(War On Terrorism 테러와의 전쟁)에서 미국의 CIA, FBI는 자국의 영외나 **엑스트레**

이저디셜(Extrajudicial 치외법권) 지역에서 이슬람과격주의자 포로들에게 Waterboarding을 자행해 **에씨컬 칸트러버시**(Ethical Controversy 윤리적인 논란)를 불러 일으켰다.

북한과의 협상을 위해 **세크러테어리 어브 스테이트**(Secretary Of State 국무장관)가 되어, 백악관으로 자리를 옮긴 마이크 폼페이오(Mike Pompeo) **디렉터**(Director 국장)의 자리를 이어받아 첫 여성 국장이 된 지나 헤스펠(Gina Haspel) 신임국장은 Waterboarding의 전문가로 **타일랜드**(Thailand 태국)의 테러범수용소에서 고문을 저질러 악명이 높았다.

가위와 면도칼을 든 의사
Anaesthesia

미디벌 유럽(Medieval Europe 중세유럽)에서는 **메더선**(Medicine 의술)
이 발전하지 않았다. 고대 이집트의 유골에는 **브레인 서저리**
(Brain Surgery 뇌수술)의 흔적이 있었고, 옛 인도에서는 **라이노웁**
래스티(Rhinoplasty 코 성형술)가 성행했다는 기록이 있다. 이렇게
아랍에서는 예부터 **압써말러지**(Ophthalmology 안과의학)이 발달했
다고 전해져온다. 그러나 기독교가 지배했던 Medieval Europe
에서 인간의 몸에 칼을 대는 것이 금기시되었기 때문에 의학은
발전할 수가 없었다.

근대적인 **메더컬 스쿨**(Medical School 의과대학)은 1800년대가 되어
서야 영국에 생겼지만 당시의 교과과정은 1년 밖에 되지 않았
다. 의대를 졸업한 **서전**(Surgeon 외과의사)이 쓰는 수술도구는 살
을 째는 **부처 나이프**(Butcher Knife 푸줏간 칼)와 뼈를 자르는 **소**(Saw
톱) 그리고 **텐던**(Tendon 힘줄)를 끊는 니퍼(Nipper)가 주로 사용되
었다. 다른 기기도 당시 목수가 쓰던 연장과 크게 다르지 않았
다. 그 이전에도 의사라는 직업은 있어 크게 Physician(퍼지션)
과 Surgeon(서전)으로 나뉘었는데, Physician은 전문교육을 받
고 환자를 관찰하거나 문진하여 병을 **다이어그노우스**(Diagnose

진단)하거나 약을 **프러스크라이브**(Prescribe 처방)하는 역할을 하는 **인터니스트**(Internist 내과전문의)였다.

Physicians은 주로 궁이나 성에 고용되어 귀족들의 치료를 했는데 그들은 칼을 들어 사람의 상처를 째거나 몸을 갈라 장기를 치료하는 외과의(Surgeon)를 천하게 여겨 **서저리**(Surgery 수술)의 작업은 주로 **바아버 샵**(Barber Shop 이발소)에서 하게 되었다. 이를 이발사 의사(Barber Surgeon)라고 불렀다.

Barber Surgeons(바아버 서전즈)는 전쟁이 나면 소집되어 전투에서 상처를 입은 병사들의 팔다리를 절단하는 수술을 주로 했다. 당시에는 **애니스씨지어**(Anesthesia 마취)라는 개념이 없어 건장한 장정들 예닐곱 명이 옆에 붙어 몸을 **호울드 다운**(Hold Down 눌러)시켜 고통에 몸부림치는 부상병을 고정시켰다.

이때 속도가 문제가 되었고 빨리 절단(Amputate)하는 자가 유능한 의사로 인정되었는데 숙달된 명의는 다리를 하나 자르는데 2분, 격렬한 통증이 오는 **블래더 스토운**(Bladder Stone 방광결석)을 잘라내는 데는 45초 밖에 걸리지 않았다.

평상시 Barber는 이발이나 면도를 했지만 이를 뽑거나 **애브세스**(Abscess 종기)를 짜는 간단한 일부터, **애핀덱터미**(Appendectomy 맹장제거)나 **캐터랙트**(Cataract 백내장) 수술을 해내는 당시의 필요한 **메더컬 스페셜리스트스**(Medical Specialists 전문 의료인)이었다.

그 당시 수술 시에 오는 고통이 너무 컸기에 지레 겁을 먹고 자살하는 환자들도 많았다. 독주를 들이키거나 아편을 복용해 정신이 혼미한 상태에서 수술이 이루어졌지만 고통은 없어지지 않았고 **아퍼레이션**(Operation 수술) 중 **모어탤러티**(Mortality 사망률)는 높았다. 피가 튀고 비명이 울리는 Surgery의 현장은 환자나 의사 모두에게 모두 **렌칭**(Wrenching 고통스러운)한 스트레스였다. 찰스 다윈(Charles Darwin)은 16살의 나이에 영국 최고의 애든버러 의대(Edinburgh Medical School)에 입학하지만 피 냄새와 고름의 현장에 **스퀴미쉬**(Squeamish 토할 것 같은)를 견디지 못하여 도망을 친다.

1660년대에 들어 **이써**(Ether 에테르)와 **닛러스 다이악사이드**(Nitrous Dioxide 아산화질소)가 발견되었지만 그때는 용도를 잘 모르고 있었다. 당시에 사람들이 Ether를 마시자 환각상태에 빠져 기분이 황홀해지는 것을 알았고, Nitrous Dioxide를 흡입하니 바보 같은 웃음이 나며 비틀비틀 넘어져 사람들의 폭소를 자아내 주위를 웃길 목적으로 **발런테럴리**(Voluntarily 자발적)으로 마시는 사람이 생겨났다.

의학자들이 이 두 물질에서 신경을 둔화시키는 효능을 알아내 수술에 사용하게 된 것은 1846년이 최초였다. 근대적인 의미의 Anesthesia가 시작되었고, 이 덕분에 Medicine은 비약적으로 발전하게 되었다. 현대의학에서 '마취학'은 Anesthesiology(애너스씨지알러지)라 하고 '마취전문의'는 Anesthesiologist(애너스씨지알러지스트)라고 한다.

코를 통해

Pay Through Nose

9세기경 바이킹족이었던 덴마크(Denmark)는 영국의 북부의 섬들과 남쪽 일부를 점령했는데 이를 **데이니쉬 인베이전**(Danish Invasion 덴마크인의 침입)이라고 한다. Invade(인베이드)는 '침입하다'의 뜻인데 명사형은 Invasion이다.

데인(Dane 덴마크인)들은 점령지에 과도한 세금을 **레비**(Levy 부과)하고 가혹한 방법으로 거두었기에 원성이 높았고 아일랜드(Ireland)에 대한 착취는 아주 혹독했다. 책정된 세금을 납부하지 않거나 **디파이언트**(Defiant 반항)한 태도를 취하는 농민은 잡아들여 기둥에 묶고 날카로운 **대거**(Dagger 단검)을 콧구멍에 집어넣고 눈가까지 찢어버리는 형벌을 가했다.

여기서 유래하여 Pay Through The Nose(페이 쓰루 더 노우즈)라는 말이 나왔다. 뭔가 **이그조어비턴트**(Exorbitant 터무니없는)한 비싼 가격을 지불했을 때 할 수 있는 말로 널리 쓰인다. 비슷한 표현으로 Cost An Arm And A Leg(카스트 앤 아아므 언드 어 레그)라는 표현도 있는데 '가치보다 엄청난 높은 가격을 내다'의 의미이다.

이런 쓰임은 세계2차대전(World War Ⅱ) 후 전쟁에서 팔과 다리를

잃은 상이군인들이 많이 생겨
나자 사람들은 팔, 다리를 **앰퓨
테이트**(Amputate 절단)하는 고통
이 엄청 고통스러웠음을 상상
해 과도하게 비싼 값을 내야하
는 억울한 마음에 비유한 것이다.

수술을 통해 '팔, 다리를 절단'하는 것을 Amputate라 하고 명사
형인 '절단'은 Amputation(앰퓨테이션)이다. 또 영어에서는 무언
가 간절히 원할 때 '오른 팔을 주겠다'는 표현도 한다.

I Would Give My Right Arm To Go Out With Jane
제인과 데이트 할 수 있다면, 내 오른 팔이라도 기꺼이 줄 텐데.

If You Drive Into The City, You Have To Pay Through The
Nose For Parking
네가 그 도시로 운전해 들어가면, 주차하는데 엄청난 돈을 써
야 할 거야.

College Tuitions Cost An Arm And A Leg Nowadays
요즘 대학 수업료는 눈이 튀어나올 만큼 비싸.

6피트 아래로

Six Feet Under

갱 플릭(Gang Flick 조직범죄영화)을 보면 자주 보는 장면이 있다. 중간 보스가 보스에게 보고 하면서 "아무개가 조직을 배신하고 다른 조직에 붙었답니다. 어떻게 할까요?" 그러자 보스가 짧게 한 마디 한다. "Six Feet Under.(식스 핏 언더)"

Foot는 약 30cm이고, 6 Feet Under는 1m 80cm 아래를 말하는데 Six Feet Under란 어디에서 유래되었을까?

1665년 영국의 런던에 치명적인 **플레이그**(Plague 전염병)가 돌았는데 **앳 잇스 하이트**(At Its Height 최고 전성기) 땐 하루 약 8,000명의 시민이 사망할 정도로 무서운 속도로 번져 나갔다. 병의 이름은 **블랙 데쓰**(Black Death 흑사병)로 **뷰바닉 플레이그**(Bubonic Plague 림프절 페스트)라고도 하는데 목이나 겨드랑이, 가랑이의 **림프 노우드**(Lymph Node 임파선)가 붓고 피부가 까맣게 변해 죽어가는 역병이었다.

도시의 20%에 이르는 막대한 숫자가 죽어나갔다. 대다수 가난한 사람들은 관(Coffin)을 사거나 인부를 살 수 없어 산기슭에 땅을 얕게 파서 시신을 묻어야만 했다. 그러자 들짐승이 흙을 파서 살을 파먹기도 했고 폭우에 땅이 드러나 **코어프스**(Corpse 시신)가 굴러다니기도 했다. 이 때문에 사람들은 Corpse에 의해 병이 **인펙션**(Infection 전염)된다고 믿었다.

런던 **메여**(Mayor 시장)는 모든 시신은 6피트 이하로 묻으라고(Six Feet Under) 명령하는 **디크리**(Decree 칙령)를 발표한다. 다음해, 런던에 대화재(The Great Fire Of London)가 발생해 쥐들이 전멸하자 Plague은 사라졌다. 의학자들은 Bubonic Plague의 발병은 쥐에 기생해 피를 빨아먹은 **플리**(Flea 벼룩)에 의해 감염된다는 사실을 알게 되었고 Six Feet Under의 법은 **오우버턴**(Overturn 뒤집어지다) 되었다. 묻는 깊이와 방식이 자유로워진 것이다.

19세기에 접어들자 **메더컬 사이언스**(Medical Science 의학)는 급속도로 발전하고 예전에 금기로 여겨졌던 **어내터미**(Anatomy 해부)가 시작되었다. 처음에는 **엑서큐티드 크리머널즈**(Executed Criminals 처형당한 범죄자)나 **인디전트**(Indigent 극빈자)의 시신(Corpse)이 실험에 이용되어졌다. 그러다 의대(Medical School)가 우후죽순 생기고 Corpse의 수요가 급증하자 최근에 사망한 자들의 무덤에서 Corpse를 훔쳐 의대에 납품하는 전문적인 일당이 생겨나기 시작했다. 새로운 블루오션의 사업이 생겨난 것이다. 돈벌이는 좋았고 수익성은 엄청났다. 전문 시체도굴꾼을 **레저렉셔니스트**(Resurrectionist 부활시키는 자)라고 불렀는데 Resurrection(레저렉션)은 '부활'의 뜻으로 '예수의 부활'은 Resurrection Of Jesus(레저렉션 어브 지저스)라 한다.

사람의 시신은 Corpse라 하지만 짐승의 것은 **카아커스**(Carcass

40

죽은 동물)라고 부른다. 수술
실의 판위에 놓여 학생들의
해부수업에 쓰이는 Corpse
는 특히 **커대버**(Cadaver 사체)
로 부른다.

아무리 도둑질을 해도 공급은 모자랐고 Cadaver를 찾는 수
요는 하늘을 찌르고 있었다. 급기야 생사람을 납치해 죽여
Cadaver로 파는 살인자들이 출몰했다. 그러자 자신의 몸이 도
굴당해 해부실에 누워있게 되리란 상상에 등골이 서늘해진 **어
이스터크랫스**(Aristocrats 귀족)들을 중심으로 무덤의 깊이가 6피
트 이상 깊어지게 되었다. 요즘은 지표에서 18인치(1피트 반)에
서 4피트정도로 관을 묻는 것이 일반적이다.

혜성과 함께 왔다가 혜성과 함께 사라지다

Mark Twain And HAlly's Comet

마크 트윈(Mark Twain)은 미국이 보물처럼 여기는 소설가이다. 그의 대표작인 「허클베리 핀(Huckleberry Finn)」은 문학의 역사에 길이 남을 **매스터피스**(Masterpiece 걸작)로 꼽히고 있다. 헤밍웨이는 자신에게 가장 **인스퍼레이션**(Inspiration 영감)을 준 작가로 Mark Twain을 꼽고 있다. 그는 자신의 소설처럼 **애드벤처러스**(Adventurous 모험에 가득 찬)했지만 **서퍼링**(Suffering 고통)한 생을 살고 갔다.

Mark Twain(마아크 트웨인)은 **카멋**(Comet 혜성)이 나타난 1835년 미국 미주리(Missouri) 주에서 태어났다. 75년 혹은 76년마다 한번 씩 불타듯 환한 빛으로 다가와 긴 꼬리를 남기며 사라지는 이 별을 사람들은 불길한 소식을 전하는 전령(Bearer Of Bad News)으로 생각하며 두려워했다. 이 별이 오는 해에는 **패먼**(Famine 기근)이나 지진, 전쟁 같은 **커태스트러피**(Catastrophe 대재앙)가 일어난다고 믿었다. 이 예언이 맞아 떨어진 것일까?

Mark Twain은 작가로서는 명성을 얻고 성공했지만 개인적인 삶은 불행으로 이어졌다. 어린 아들과 딸들이 세상을 떠났고 노년에는 가장 친했던 친구와 부인 올리비아마저 병사로 곁을 떠났다.

그러나 말년에 찾아 온 가장 가까웠던 딸 진(Jean)의 죽음은 그에게 회복하기 힘든 **블로우**(Blow 타격)를 가했다. 한 평생을 **브로우컨 하아트** (Broken Heart 상심)의 세월을 보낸 것이었다.

Jean이 사망한 후 그는 **앤자이너 펙터어리스**(Angina Pectoris 협심증)의 판정을 받았고 우울증에 시달렸다. Angina Pectoris는 간단히 Angina(앤자이너)라고도 하는데 중요한 단어이다. **퍼티그** (Fatigue 피로)와 **이그조스천**(Exhaustion 탈진)으로 누워 지내는 날이 이어졌다. 죽기 1년전 Mark Twain은 글을 쓰는데 이렇게 적혀 있었다.

"75년 전 Comet이 나타나고, 내가 태어났다. **어너카운터벌** (Unaccountable 설명할 수 없는)하고 기이한 일이 동시에 일어난 것이다" 그리고 또 그는 적고 있다.

They Came In Together, And They Must Go Out Together
그들이 함께 왔듯이, 그들은 함께 떠나야만 할 것이다.

이듬해 Comet이 지구를 찾아 왔고 다음 날인 1910년 4월 21일 Mark Twain은 **하아트 어택**(Heart Attack 심장마비)으로 숨을 거둔다. 자신의 죽음을 정확히 **포어텔**(Foretell 예언)한 것이다.

영국의 **어스트라너머**(Astronomer 천문학자)인 에드먼드 할리 경 (Sir Edmond Halley)은 천체를 관측하다가 1531년과 1607년, 1682 년에 나타난 Comet이 정확히 같은 별이며 1758년에 다시 지 구로 다가오리라 예상했다. 그의 **프리딕션**(Prediction 예측)은 정 확히 맞았지만 그는 Comet을 보지 못하고 죽었다. Halley's Comet(핼리즈 카멧)은 그의 이름을 따 지어졌다.

마음대로 늘였다, 줄인다

Rack

미디벌 피어리어드(Medieval Period 중세시대)에는 죄인을 **인쿼지션** (Inquisition 심문)하기 위해 창의적인 장치가 많이 만들어졌다. 그 중 가장 **토어멘트**(Torment 고통)를 주는 대표적인 **토어처 인스트 러먼트**(Torture Instrument 고문도구)가 랙(Rack)이라는 것이었다.

길쭉한 **렉탱결러**(Rectangular 직사각형) 모양의 침대같이 생겼는데 비스듬히 설치하고 그 위에 죄인을 눕히고 묶는다. 그리고 양 팔목과 **앵컬즈**(Ankles 발목)를 질긴 밧줄로 연결하여 줄을 **풀리** (Pulley 도르래)나 레버(Lever)에 고정시킨다.

인쿼저터(Inquisitor 조사관)는 심문을 할 때 피조사자로부터 **컨페 션**(Confession 자백)을 얻지 못하면, 원하는 답이 나올 때까지 줄 을 늘인다. Inquisitive(인쿼지티브)는 아주 성가실 정도로 '꼬치 꼬치 캐묻는 것'을 말한다.

죄인은 감당하기 힘든 고통에 몸부림치고 서서히 **리거먼트** (Ligament 인대)가 끊어지며, 뼈가 제자리에서 이탈되는 **디슬로우 케이션**(Dislocation 탈구) 상태가 되어 마침내 팔이 신체로부터 떨 어져 나가는 지경에 이른다.

이 현장에 **어캄플러스**(Accomplice 공범)도 참석시켜 몸서리치는

 장면을 보여주어 심리적인 테러(Psychological Terror)를 가하여 자백하게 만드는 방법도 쓴다.

이 방식은 1420년경 영국의 엑스터지방의 공작(Duke Of Exeter)이 발명하였는데, 그 뒤 아일랜드와 포르투갈로 퍼져 나갔다. 사람들은 이 기구를 시쳇말로 엑스터의 딸(Duke Of Exeter's Daughter)이라고 불렀다.

런던탑은 **트레이터즈**(Traitors 반역자)들이나 이단자들을 주로 감금하는 **노우토어리어스**(Notorious 악명높은)한 왕실의 감옥이었는데, Rack의 고문은 주로 여기서 이루어졌다.

Rack은 오늘날에도 '괴롭히다', '고통을 주다'의 의미로 일상회화에서 널리 쓰인다. 특히 Rack One's Brains(랙 원즈 브레인즈)의 형태로 '머리를 쥐어짜다', '맘고생을 하다'의 의미로 자주 듣는 표현이 되었다.

I've Been Racking My Brains All Day, But I Can't Remember Her Name
나는 하루종일 머리를 쥐어짰지만, 그녀의 이름을 기억할 수가 없다.

구리로 만든 반지
Phony

'허위의', '위조의'를 의미하는 단어로 Phony(포우니)가 있다

A Phony Watch With A Designer Logo
명품로고가 새겨진 가짜 시계.

Flash A Phony Police Badge
가짜 경찰배지를 휙 내보이다.

옛날 영국에서는 거리에서 벌어지는 **스캠** (Scam 사기)이 성행했다. 값어치 없는 구리반지에 **길드**(Gild 도금)를 하여 금반지로 **디스가이즈**(Disguise 둔갑)시킨다. 그리고 이 가짜반지를 **서럽티셔슬리** (Surreptitiously 은밀히)하게 길 위에 떨어뜨린다. 이런 계략을 **언서스펙팅**(Unsuspecting 예상하지 못한)한 행인이 지나가다 **글리터링** (Glittering 반짝이는)한 반지를 발견하 몸을 숙여 주우려는 순간, 사기꾼 일당의 한명이 잽싸게 뛰어나와 자기가 먼저 보았다고 자기 것이라 고집한다. Surreptitious(서럽티셔스), Glitter(글리터)는

47

많이 쓰는 단어들이다.

실랑이가 벌어지고 **칸 맨**(Con Man 사기꾼)이 그럼 서로 나눠 갖자고 제안하는데, 이것이 진짜 금 이라고 철썩같이 믿는 **패서비**(Passerby 행인)는 절반의 돈을 지불하고 반지가 자기 것이 되었다고 좋아라하며 사라진다.

'사기'를 나타내는 단어로 Scam, Fraud(프로드), Swindle(스윈들), Con(칸) 등 여러 가지가 있다. 사기는 치밀한 계획과 연기력, 조직력이 필요한 고도의 지능범죄로 '사기꾼'을 Con Artist(칸 아아티스트)라고 부르기도 한다. 이때 사용된 가짜반지를 영어에서 Fawney(포니)라고 불렀는데 여기서 **포우니**(Phony 가짜의)라는 낱말이 나왔다.

Everything That Glitters Is Not Gold
반짝인다고 해서 다 금이 아니다.

너무나도 유명한 속담인데 겉보기에 번쩍거리고 그럴듯하게 보여도 내면의 가치마저 **프레셔스**(Precious 귀중한)한 것이 아니라는 경구이다. 1576년 셰익스피어의 「베니스의 상인(The Merchant Of Venice)」에 나오는 구절이다.

자신에게 던져진 장갑은 줍는 것이 사나이의 도리
Throw The Gauntlet

중세의 유럽의 **나이트**(Knight 기사)들은 정의의 수호자들이었다. 그들은 약자를 보호하고 여성을 존중하는 **쉬벌리**(Chivalry 기사도정신)와 **퍼시널 아너**(Personal Honor 개인의 명예)를 **페러마운트**(Paramount 최고)한 덕목으로 여겼다. 이러한 가치가 누군가에게 침해되었다고 생각되면 그냥 참고 넘어가면 사나이로서의 자격상실로 여겼다.

당시의 기사들은 반짝이는 **아아머**(Armour 갑옷)로 치장하고 손에는 두터운 철갑의 장갑을 착용했는데 이 장갑을 불어로 Gantelet라 했고 영어에서 **곤틀럿**(Gauntlet 갑옷용 장갑)이 되었다. 이 장갑을 벗어 상대의 발아래 던지면 **두얼**(Duel 결투)을 신청한다는 의사를 표현하는 것이다. 이런 행위는 상대에게 주는 **그레이브 인설트**(Grave Insult 중대한 모욕)이었다.

내 앞에 Gauntlet이 던져지면 상대방은 마땅히 그것을 주워(Take Up The Gauntlet) 도전에 응해야 했다. 이런 **챌린지**(Challenge 도전)를 피하면 그 역시 도망을 치는 비겁한 행위로 간주되었다. 이런 **프랙티스**(Practice 관습)는 18세기말에 금지되었지만 '누구에게 도전하다', '**프러보욱**(Provoke 도발하다)하다'라는 **메터포**

어(Metaphor 은유)로 현대에 널리 쓰이게 되었다. 이러한 표현은 Throw The Gauntlet(쓰로우 더 곤틀렛) 또는 Lay Down The Gauntlet(레이 다운 더 곤틀렛)이라고 한다.

덧붙이면 여자에게 이상적인 남성을 우리는 '백마를 탄 왕자'라 하는데 영어식으로는 A Knight In Shinning Armour(어 나이트 인 쉬닝 아아머)라 하는데 자주 나오는 말이다.

The Largest Teaching Union Yesterday Threw Down The Gauntlet To The Government, Threatening Strikes If Their Demands Are Not Met
최대 교사노조는, 만약 그들의 요구가 받아들여지지 않는다면 파업에 돌입하겠다고, 정부에 도전장을 던졌다.

 Gauntlet에는 '철제장갑' 이라는 뜻 외에 전혀 다른 의미가 있다. 바이킹 어로 Gatloop이 변하여 Gauntlet이 된 것인데 뜻은 **패서줴**(Passageway 복도, 낭하, 좁은 통로) 이다.

영국의 해군에서는 전통적으로 **세일러**(Sailor 해병)를 징계할 때 동료병사들을 길게 두 줄 **칼럼**(Column 종대)으로 세우고 그 사이에 긴 통로를 만든다. 잘못을 한 병사가 그 Passageway를 달려가면 늘어선 병사들이 **클러브**(Club 곤봉)나 **윕**(Whip 채찍)으로 사

정없이 내려치는 벌이었다. 구
타를 당하는 병사는 최대한 빨리
런(Run 달리다)해야 큰 상처를 피
할 수 있었다. 여기서 Run The
Gauntlet(런 더 곤틀렛)이라는 숙어가 나왔다.

이런 의식은 사회 각 조직에서 신참에게 가하는 **헤이징**(Hazing
괴롭힘)으로 발전하여 누구나 겪는 **라이트 어브 패서지**(Rite Of
Passage 통과의례)로 널리 퍼지게 되었다. Hazing은 대학의 동아
리 같은 곳에서 신참자를 괴롭히는 관행을 말한다.

최근 들어 영국해군에서 이런 행위를 금지했고 관습은 사
라졌다. 그러나 Run The Gauntlet은 지금도 **피규러티블리**
(Figuratively 비유적)하게 쓰이고 있다. 보통 여론이나 다수로부터
크리티시점(Criticism 비난)의 **버라즈**(Barrage 세례)를 받는 경우에
널리 쓰인다.

The Director Has Been Running The Gauntlet Of Fans'
Outrage Following The Release Of His Latest Film
감독은 최근에 발표된 그의 영화에 대해서 팬들의 집중적인 비
난에 시달리고 있었다.

사람의 목에 거는 개줄

Dog Tag

군대에 갔다온 사람이라면 **아이덴터퍼케이션 태그**(Identification Tag 인식표)를 알고 있을 것이다. 흔히 개줄이라고 부르는데 영어에서도 Dog Tag(도그 태그)라고 부른다. 그런데 왜 Dog Tag라고 하는가?

미국에서 토마스 제퍼슨이 대통령이었던 1800년대 초에 개인이 개를 놓아기르다 보니 이웃 목장에 침입하여 양을 물어 죽이는 일이 허다했다. 이에 따라 이웃끼리 분쟁이 잦아 개목에 주인의 이름이 적힌 표를 달게 하여, 문제가 생기면 물려죽은 양의 **캄펀세이션**(Compensation 보상)을 하게 하였다. 이때 개에게 단 표를 **애너멀 레지스트레이션 태그**(Animal Registration Tag 동물등록표)라 했는데 이 **태그**(Tag 꼬리표)가 오늘날 병사들의 인식표와 꼭 닮았기에 Dog Tag라는 비격식명칭이 생겨났다.

Compensate(캄펀세이트)는 '보상하다', Register(레지스터)는 '등록하다'의 의미의 낱말이다. Tag는 어떤 표시를 하기 위해 붙이는 표식으로 가격표를 Price Tag, **모어그**(Morgue 시체안치소)에서 신원미상의 죽은 자의 **토우**(Toe 발가락)에 맨 표를 Toe Tag라고 한다. 정식이름은 Military Identification Tag(밀러테어리 아이덴터퍼

52

케이션 태그)이지만 현대에 이렇게 거의 쓰지 않고, 방송이나 출판에서 Dog Tag가 공식으로 쓰인다.

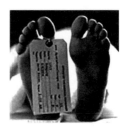

오늘날 알루미늄이나 스테인리스로 제작되어 군번과 소속 **유닛**(Unit 부대), 혈액형, **이나컬레이션**(Inoculation 접종)의 이력 등 필수정보가 새겨져 있다. Dog Tag의 목적은 전사했을 때 신원파악을 하고 **원디드 소울저**(Wounded Soldier 부상병)에게 긴급수혈을 할 때, 용이하게 하기 위함이다. 서양에서는 **릴리전**(Religion 종교)을 기록하기도 한다.

납작한 직사각형 모양에 한쪽 끝에 구멍을 뚫어 줄을 통하게 하여 목에 걸게 만들었고 반대쪽 밑에는 한 가운데 옴폭하게 **나치**(Notch 자국)를 내었다. 한 때 이 Notch에 대한 무서운 소문이 돌았다. 전사한 장병은 시간이 지나면 배에 가스가 차 **블로우트**(Bloat 부풀다)하기에 전사자의 윗니와 아랫니 사이에 세로로 끼워 입을 벌리도록 만들기 위해 자국을 냈다는 것이었다. 이는 사실이 아니며 철을 찍어 낼 때 틀에 단단히 고정시키기 위해 고안된 것으로 밝혀졌다.

Notch는 칼로 V자 자국을 낸 것으로 옛 가정에서 아이들의 키를 재기위해 벽기둥에 새긴 것이 적절한 예다. 여기서 유래하여 Top Notch(탑 나치)는 '아주 뛰어난', '일류의'의 뜻으로 Top Notch Physician(탑 나치 퍼지션)은 '최고의 의사'를 말한다.

이런 인식표는 아주 오래전부터 존재해 왔다. 고대 그리스의 도시국가 스파르타의 군인들은 나무로 인식표를 만들어 왼 팔목에 차고 다녔다. 고대 로마 **리전**(Legion 군단)의 **리저네어** (Legionnaire 부대원)들은 납으로 표를 만들고 가죽 끈으로 꿰어 목에 걸고 다녔다. 중국에서도 1850년 일어난 태평천국의 난 (Taiping Revolt) 때 징집한 병사들에게 나무인식표를 허리에 차 게 했다.

특별히 로마제국의 부대를 가리키는 단어 Legion와 그 부대원을 Legionnaire라 하는 것은 아주 중요하고 자주 쓰는 단어이다. 유명한 프랑스의 외인부대원도 Legionnaire라 부른다. 오늘날 Dog Tag 모양의 **프로우토우타입**(Prototype 원형)은 2차 대전 미군에서 유래했다.

죽음의 의사

Dr. Death Jack Kevorkian

잭 케보키안(Jack Kevorkian)은 1928년 미시간 주에서 태어난 미국의 의사이다. 그는 아르메니아 계(Armenian Descent)로 대학에서 **메더컬 퍼쌀러지**(Medical Pathology 병리의학)를 공부했다. 1990년 오리건 주에서 의사로 있을 때 환자 중에 60대 초반의 교사인 여성이 중증의 **앨즈하이머즈 디지즈**(Alzheimer's Disease 치매)를 앓고 있었다.

그녀는 자식들을 몰라보고 거동도 불편했고 밥을 먹는 방법도 잊게 되었다. 가까스로 남은 의식을 모아 Kevorkian(커보어키언)에게 자살을 도와 줄 것을 부탁했고, 그는 부탁을 들어준다. 그녀는 Kevorkian의 낡아 빠진 폴크스바겐 밴(Volkswagen Van)차량 안에 설치된 침대에서 삶을 마감했다. 그것이 그의 첫 번째 **어시스터드 수어사이드**(Assisted Suicide 자살방조)의 범죄였다.

그 뒤 8년에 걸쳐 130건의 Assisted Suicide를 행해 총 4번에 걸쳐 법정에 서게 된다. 그 사이 의사면허가 **서스펜드**(Suspend 중지)되기도 했고 살해의 협박을 받기도 했다. 재판은 3번은 무죄로, 또 한 번은 **미스트라열**(Mistrial 무효심리)이 되었다. 그는 '죽음은 범죄가 아니다'라고 주장하고 의사의 직무는 환자의 고통을 덜어

주고 환자의 주문에 따르는 것이라 주장한다. Kevorkian은 **유써네이저**(Euthanasia 안락사)**와** 조력자살(Assisted Suicide)의 주창자로 그동안 수면 아래 숨어있던 **소우셜 태부**(Social Taboo 사회적 금기)에 불을 붙였다.

Kevorkian은 사형이 많은 미국에서 사형수에게 **애너스쎄틱**(Anesthetic 마취제)을 주사해서 **오어건**(Organ 장기)을 적출해 환자들에게 주자고 했고, 사체는 해부용으로 쓰자는 주장도 했다.

그의 주장에 강하게 **프러포우넌트**(Proponent 동의자)들과 **어포우넌트**(Opponent 반대자)들이 격렬하게 맞섰다.

반대파들은 그를 죽음에 매료된 미치광이로 매도했고 죽음 제조기(Instrument Of Death) 죽음의 의사(Dr. Death)라는 별명을 붙이며, 대중에 심각한 위협을 가하는 존재다(Pose A Great Threat To The Public)라고 비난했다. Kevorkian 또한 자신의 **크리틱스**(Critics 비판자)들을 향해 의사는 히포크라테스의 선서에 **컨폼**(Conform 따르다)하겠다고 맹세한 것처럼 환자의 요청에 순종해야한다고 독하게 **플레이**(Flay 혹평) 했다. Flay는 '산 사람의 가죽을 벗기다'라는 무서운 의미도 가진 단어이다.

Kevorkian은 결국 1999년 유죄판결을 받고 투옥되지만 8년이 지나 다시는 Assisted Suicide행위를 하지 않는다는 조건으로 석방되었다.

그는 의대를 다니던 젊은 시절부터 여성과 데이트를 한 적도 없고 평생 독신으로 살았다. 옷은 **샐베이션 아아미**(Salvation Army 구세군)에서 중고품을 사 **쓰레드베어**(Threadbare 낡아 올이 보일)할 때까지 입었다. **페뉴리어스**(Penurious 극빈한)한 생활을 스스로 즐기며 살았다. 그러나 환자의 자살을 도울 때는 경비는 자신이 부담했다.

그는 **아브더럿**(Obdurate 완고)하고 괴팍스런 삶을 산 **아드볼**(Oddball 기인)이었다. 그의 생애는 HBO에서 제작되어 알파치노가 Kevorkian의 역을 훌륭히 연기해 에미(Emmy)와 골든그로브(Golden Glove)에서 수상했고 흥행에도 큰 성공을 거두었다.

그는 2017년 83세의 일기로 숨을 거두었다. 오늘날 Kevorkian의 이름은 보통명사로 되어 사전에 올라있다. Do A Kevorkian(두어 커보어키언)하면 '안락사를 시키다', Kevorkian Me(커보어키언 미)는 나를 안락사 시켜 줘'라는 의미가 된 것이다.

허영에 대한 과시는 사라지지 않는다
Fur Coat

태초에 인간이 짐승의 **스킨**(Skin 가죽)을 벗겨 몸에 두른 것이 **클로웆즈**(Clothes 의복)의 시초가 되었다. 추운 겨울을 날 때는 털이 난 **퍼**(Fur 모피)가 혹독한 추위를 막는 유일한 선택이었다. 이후 인간의 Fur에 대한 욕구는 더해 가기만 했다. 사냥이 이어지더니 모피동물농장(Fur Farm)까지 생겨났다.

가죽에 상처를 입히면 값이 떨어지는 특성상 모피동물(Fur Animals)의 사냥은 그 방식이 **크루얼**(Cruel 잔인)하였다. 활이나 총을 쓰는 대신 **트랩**(Trap 덫)을 놓아 짐승을 잡는데 칼날 덫(Steel-Jaw Traps)으로 한 번 철컥하고 강한 철 용수철이 튀면 발목의 뼈가 으스러지고, 피가 흐르고 쇼크가 오며 몸의 일부가 **갠그린**(Gangrene 괴저) 되기도 하고 **프로스트바이트**(Frostbite 동상)에 걸리거나 다른 **프레더터즈**(Predators 포식자)에게 산 채로 뜯겨 죽기도 한다.

모피농장사육(Fur Farming)의 참상도 마찬가지여서 밀집한 곳에서 공장식 사육이 불결하게 이루어졌다. 도살도 잔인함의 끝을 보여주어 **서퍼케이션**(Suffocation 목조르기), **일렉트러큐션**(Electrocution 전기살해), 독살, 가스사로 이어지며 꼬리를 잡아 사

정없이 바위에 내려치
기도 한다.

할리우드의 아름다
운 여배우들과 **캐트왁**

(Catwalk 무대)의 슈퍼모델들이 나체가되어 시위를 벌이는 것을
종종 보게 된다. 그들은 "모피를 입느니 차라리 알몸으로 다니
겠다(We'd Rather Go Naked Than Wear Fur)"라고 외치며 동물학대
의 만행을 고발하고 있다.

애너멀 라잇스 그룹스(Animal Lights Groups 동물애호단체)의 **퍼 인더
스트리**(Fur Industry 모피산업)에 대한 반대도 격렬하다. 유럽과 미
대륙을 중심으로 각국 정부는 Fur Industry에 대한 각종 규제를
가하고 있고 그 움직임은 세계적인 추세로 이어지고 있다. 그
러나 아이러니하게도 고급모피에 대한 수요는 점점 늘어가는
추세이며 법을 어기는 불법밀렵의 야만성은 계속되고 있다.

모피나 천을 눌러 부드럽게 한 것을 펠트(Felt)라 하는데 고급
제품은 상상을 초월하는 높은 가격에 거래되고 있다. 비교적
값이 적당한 **래쿤**(Raccoon 미국너구리)이나 비버(Beaver), 울버린
(Wolverine)의 수요도 꾸준하고 좀 비싼 은빛여우(Silver Fox), **어
먼**(Ermine 흰 족제비), **포울러 팍스**(Polar Fox 북극여우), 밍크족제비
(Mink)를 찾는 사람도 많다. 특히 Ermine은 법관복이나 왕의 가
운을 만드는데 쓴다.

최고급으로 가면 은색 토끼인 친칠라(Chinchilla)와 **세이벌**(Sable
담비), **링크스**(Lynx 스라소니) 그리고 남미에서 나는 라마의 일종인

비쿠냐(Vicugna)의 모피가 최고로 비싸지만 수요는 높아만 가고 있다. 가격도 수 천 만원에서 억을 훌쩍 넘기기도 한다.

그러나 갑부들에 의해 가장 소중하게 대접받는 것은 북미에 서식하는 보브캣(Bobcat)의 모피이다. 그 중에서도 미국 중서부의 와이오밍(Wyoming) 주의 Fur을 최고급으로 치며 부자들이 가장 갖고 싶어 하는 사치품이 되었다. 그 외 지역의 Bobcat의 털은 뻣뻣하여 가치가 떨어진다고 한다.

고급모피는 가진 자들이 자신들의 높은 신분과 사치를 보여주는 상징이다. 가진 부를 사용해 호사를 일삼고 명품을 보여주고 싶어 안달이 난, 가진 것은 돈밖에 없는 거부들이 세상에는 있는 것이다.

지문만큼이나 정확한 독특한 범행수법
Modus Operandi (M.O.)

1990년대 텍사스 주 달라스(Dallas Tx), 당시의 Dallas(댈러스)는 세계 11째의 큰 도시였다. 그러나 도시의 남쪽 오크 클리프(Oak Cliff)라는 구역은 **갱즈**(Gangs 폭력배)와 **프라스터톳스**(Prostitutes 매춘부)와 **드러그 애딕트스**(Drug Addicts 마약중독자)가 모여 사는 빈민가였다. Dallas는 범죄가 만연했고 하루 평균 2건의 살인사건이 일어나는 미국에서 가장 위험한 도시의 하나이기도 했다. 1990년 12월, 이 비열한 도시에서 **후커**(Hooker 창녀) 한 명이 살해당하였다. 그러나 Dallas 같은 도시의 뒷골목에서 Hooker 한 명이 살해되는 것은 새삼스런 일이 아니었다. **퍼렌식 퍼쌀러저스트**(Forensic Pathologist 법의학 병리학자)인 여의사는 일상적인 시신의 **오탑시**(Autopsy 부검)를 하다가 마지막에 그녀의 눈의 색을 알아보기 위해 **아일리즈**(Eyelids 눈꺼풀)를 여는 순간 얼어붙은 듯 놀라게 된다. **아이볼**(Eyeball 눈알)이 깜쪽같이 사라진 것을 발견했기 때문이었다.

범인의 솜씨는 검시의마저 감탄하게 할 정도였다. 수술용 메스를 사용하여 눈알을 움직이게 하는 6개의 근육이 깨끗하게 잘려나갔고 주위에는 어떠한 상처도 없었다. 고스란히 안구가 안

착된 **사컷**(Socket 구멍)에서 **빼** 내간 것이었다. Socket은 전구나 안구가 들어갈 수 있도록 움푹 파진 곳으로 우리말로는 와(窩)라고 한다. 해부학 책에서도 이런 방법은 볼 수 없으며 고학년의 의대생도 흉내를 못 낼만큼의 **프리시전**(Precision 정교함)이 있었다. 수사관들은 이 끔직한 사실을 발표하지 않았고 언론에도 비밀에 붙여졌다.

두 달 후, Oak Cliff(오욱 클리프)에서 또 한명의 Prostitute가 살해 당하였는데 또 Eyeball이 없어진 상태였다. 두 건의 사건이 동일범에 의한 것이라는 것이 거의 확실해졌다. 만약 이미 알려진 사건이라면 두 번째 살인은 **카피캣**(Copycat 모방범죄)일 수도 있기 때문이다.

또 두 달 후, 또 한명의 Prostitute가 세 번째 **빅팀**(Victim 희생자)으로 발견되었다. 눈알이 없어진 사실이 밝혀지자 도시는 **테어러 파이드**(Terrified 공포에 빠지고)되고 시 전체가 완전한 **쉬어 히스테어리어**(Sheer Hysteria 발작상태)가 되었다. Oak Cliff의 Prostitute 들은 대부분 **정키**(Junkie 마약쟁이)로 단돈 25달러에 하루 10~20명의 고객(John)을 상대하고 있었다. John(잔)은 '성을 매수하는 남성'을 말한다. 그래서 **서스펙트**(Suspect 용의자)를 특정하기 어려웠고 **윗너스**(Witness 목격자)도 증거품도 거의 없어 수사에 어려움을 겪고 있었다. 이렇게 마약을 사기위해 한 끼를 해결하기 위해 몸을 파는 것을 Turn Tricks(턴 트릭스)라고 하는데 자주 쓰는 **슬랭**(Slang 속어)이지만 우리는 잘 모르고 교재에서도 안 다루고 있다.

결국 제보에 의해 범인은 검거
되었다. 용의자는 57세의 찰스
올브라이트(Charles Albright)라
고 하는 남자로 목수 일을 하고

있었다. Charles는 태어날 때부터 **오어퍼너지**(Orphanage 고아원)
에서 자랐고 어릴 때 자녀가 없던 집안에 **어답션**(Adoption 입양)
되었다.

양어머니 델(Dell)은 온 정성을 다해 Charles를 키웠고 교육에
돈을 아끼지 않았다. 그는 완벽한 피아니스트와 화가로 자랐
다. 그러나 소년은 뒤에서 사람들이 생모가 **호어**(Whore 거리의 몸
파는 여자)였다고 수군거리는 것을 듣게 되었고 그것이 어린 가
슴에 깊은 상처로 남았다.

그는 양어머니와 동물의 죽은 사체를 사와서 **택서더미**
(Taxidermy 박제)를 하는 일에 취미 붙였고, 뒤에 훌륭한 박제사
(Taxidermist)가 되었다. 죽은 동물의 살을 발라내어 천으로 몸통
을 채우고 눈에 유리를 끼워 새 생명을 불어넣는 일에 그는 **패**

서네이션(Fascination 매료)되었다. 그러나 Dell 은 지나치게 검소했기에 비싼 유리눈알(GlAss Eyeball)을 살 수가 없었고 옷에 다는 값싼 단추를 대신 사용했어야 했다.

이것이 결국은 눈에 대해 **어브세션**(Obsession 집착)하는 정신이상으로 작용하고 **버쓰 머더**(Birth Mother 친모)가 Prostitute일지도 모른다는 두려움이 여성, 특히 매춘부에 대한 혐오로 발전한 것이었다.

크리머널즈(Criminals 범죄자)들은 모두 자신만의 양식으로 범행하고 잘 바꾸지 않는다. 어느 연쇄 강간범은 범행 시 여자의 어깨를 깨무는 버릇이 있어 다음번 희생자들의 어깨의 이빨자국을 보고 동일범임이 밝혀지고 치흔에 의해 유죄가 확정되었다. 계속 그 방법만 고집하니 꼬리가 밟힌 것이다. 이런 '범행수법'을 Modus Operandi(모우더스 아퍼랜디)라 하고 줄여서 M.O.라고 한다. M.O.는 라틴어로 '작동 방법', Method Of Operation(메써드 어브 아퍼레이션)이란 뜻이다.

Charles Albright는 재판에서 **파이코우패쓰**(Pychopath 정신이상자)로 판결이 나 정신병원에 수감되어 현재도 치료감호중에 있다.

당한 만큼 보복하는 함무라비의 법

Lex Talionis

약 5,000년 전에 발생한 메소포타미아 문명(Mesopotamia Civilization)은 인더스 문명과 함께 가장 오래된 것이다. 티그리스(Tigris)와 유프라테스(Euphrates) 두 강 사이에 위치한 이 지역은 오늘날 이라크에 해당하는데, 당시 바빌론(Babylon)이 가장 번창한 도시였다.

이 지역이 바빌론제국, 바빌로니아 왕조(Babylonian Dynasty)로 번성하였고 함무라비의 재위기간 황금기를 이루었다. 최초의 문자인 **큐니어폼**(Cuneiform 설형 문자)도 이곳에서 나왔다. Mesopotamia(메서퍼테이미어)라는 말 자체가 그리스어로 '가운데'를 뜻하는 Mesos(메이소우즈)와 '강'이란 Potamos(퍼테이모우즈)가 합쳐서 생긴 것이다. 어려운 단어인 하천학(河川學)은 Potamology(포우태말러지)라 하는데, **그릭**(Greek 그리스어)에서 유래한 것이다.

BC 1754년 당시의 왕이었던 함무라비는 7피트 10의 높이의 **다여아잇**(Diorite 섬록암)의 **스텔**(Stele 기념비)에 282개의 법률을 새겨 국민들에게 공표하였는데, 이것이 인류 최초의 성문법인 **해머러비즈 코우드**(Hammurabi's Code 함무라비 법)이다. Code(코우드)

는 '법'을 말하는데 '세법(稅法)'은 Tax Code(택스 코우드)라 하고, 큰 회사나 학교에서 '복장에 대한 규율'을 Dress Code(드레스 코우드)라 한다.

진흥왕순수비 같은 '비석'은 Stele라 칭하는데 꽤 어려운 어휘이다. 이 비석에는 **인헤러턴스**(Inheritance 상속)나 결혼, 이혼, **슬레이버리**(Slavery 노예제도)에 관한 **시벌 로**(Civil Law 민법)와 범법행위에 대한 처벌을 다루는 **크리머널 로**(Criminal Law 형법)에 대해서 새겨져있다. 또 직종에 따른 **미너멈 웨이지**(Minimum Wage 최저임금)의 규정, 현대에 정립된 **이너선트 언틸 프루번 길티**(Innocent Until Proven Guilty 무죄추정의 원칙)도 기록되어 있다.

함무라비 법전(The Code Of Hammurabi)하면 가장 먼저 떠오르는 것은 눈에는 눈(An Eye For An Eye)이라는 복수의 원칙이다. 남의 눈을 상하게 한 자는 자신의 눈알이 빼주어야 하며, 남의 갈비뼈를 부러뜨린 자는 자기의 뼈도 부러지는 벌을 받는다. 그 외에도 아들이 아비를 때리면 손목을 자른다(Hack The Hand Off)던지, 남자가 임신한 남의 여성을 폭행하여 **미스케어러지** (Miscarriage 유산)를 시키면 가해자의 딸을 죽인다는 **하아쉬 퍼니쉬먼트**(Harsh Punishment 엄격한 처벌)를 가하고 있다. 간통한 남녀가 공모하여 상대방의 배우자를 살해하면 둘은 뾰족한 말뚝에 꿰어 죽임을 당했다.

입은 피해만큼 동일한 형벌을 가하는 이런 소름끼치는 법이 '동해복수법(同害復讐法)'이며 Law Of Retaliation(로 어브 리탤리에이션)이라 하는데 라틴어로 Lex Talionis이다. 현대영어 **리탤리에이션**(Retaliation 복수)은 **탈리오우니스**(Talionis 복수법)에 어원을 두고 있다. Law Of Retaliation은 Law Of Retribution(로 어브 렛러뷰션)이라고도 하는데, Retaliation과 Retribution은 **시너님**(Synonym 동의어)이다.

2018년 들어 미국과 중국의 **트레이드 워어**(Trade War 무역전쟁)가 한창이다. 미국이 중국산 철강에 **테어러프**(Tariff 관세)를 가하자 중국이 미국의 농산물에 맞 관세를 부과하여 불이 붙었는데 이것이 '보복관세'이고 Retaliatory Tariff(리탤려토어리 테어러프)라 한다. 내가 당한만큼 상대에게 '되갚아 주는 것'을 Tit-For-Tat(팃포어 탯)이라 하기도 한다.

인공지능을 가진 킬러
A.i. Killer Robot

로우밧(Robot 로봇)이란 슬로바키아어에 속하는 체코어(Czech)에서 **포어스트 레이버**(Forced Labor 강제노동)를 뜻하는 Robota(러보우터)에서 왔다.

오래전부터 인간은 로봇을 사용하여 안락함을 누려왔는데 자동차공장에서 **웰딩**(Welding 용접)을 하는 기계, 초콜릿을 포장하는 기계도 사실은 로봇이다. 그리고 **휴먼**(Human 사람)의 모습을 한 로봇(Humanoid)이 등장하여 관광지에서 안내를 하고 레스토랑에서 음식과 음료를 서비스하는 모습을 보게 되었다. 독일의 로봇회사 퍼스트 안드로이드(First Android)사는 외로운 남성을 위한 애인이 되어줄 여자로봇을 개발했는데 이런 로봇을 가이노이드(Gynoid)라 한다. 여성을 나타내는 라틴어 Gynae와 Noid가 연결된 것이다.

최근 들어 **아아터피셜 인텔러전스**(Artificial Intelligence 인공지능)를 가진 Humanoid(휴머노이드)가 **익스플로우시브**(Explosive 폭발물)를 해체 **디스포우절**(Disposal 처리)하고, 화재현장에 뛰어들며 고층에서 건축 일을 하는 시대가 왔다. 마침내는 전쟁에서 적을 한 치의 오차도 없이 아이나 아녀자도 아무 감정의 티끌

도 없이, 죽이는 **슬로터봇**
(Slaughterbot 살인로봇)의 개

발이 현재 한창이다.

영화 〈터미네이트 제네시

스〉는 미래의 Slaughterbot의 모습을 생생하게 보여주고 있다.
Slaughter(슬로터)는 '전쟁에서 적을 대량 살육하다'의 뜻이고,
Slaughterhouse(슬로터하우스)는 '도살장'을 가리킨다.

최근들어 스티븐 호킹, 빌 게이츠, 엘런 머스크(Elon Musk) 같
은 유명인들이 킬러로봇의 등장에 우려를 표하고 있다. Elon
Musk는 전기차메이커 테슬라(Tesla)의 CEO이며, 화성탐사와
화성에 사람을 거주시켜 식민지화 시키겠다는 거대한 **비전**
(Vision 상상)을 가진 **비저네어리**(Visionary 야심가)이다. Visionary는
일반인이 생각지도 못할 어마어마한 계획을 기획하고, 실행하
는 '예지를 가진 앞서 가는 자'라는 의미를 가졌다.

살육로봇은 개발은 막아야 한다고 수 천 명의 학자들이 유엔에
오우펀 레터즈(Open Letters 공개서한)를 보내고 있다. 그러나 기
차는 이미 떠났다. 판도라의 상자가 이미 열린 것이다. **펜티간**
(Pentagon 미국방부)의 용역에 의해 버지니아 테크(Virginia Tech)사
에서 킬러로봇의 R/D가 한창이며 여기에 대한민국의 KAIST도
대열에 합류하고 있다.

세계는 살인기계의 개발에 온 힘을 쏟는 **아아므즈 레이스**(Arms
Race 군비경쟁)의 시대가 되었다. 이제 큰 벌만한 크기로 손바닥
위에 올려도 될 드론이 저격수로봇(Sniper Robot)으로 개발되고

있다. 미국에서 극비리에 개발 중
인 스스로 조립하는 극미세 로봇
(Self-Assembling Micro Robot)은 지
름이 수 밀리미터에 불과하지만
Artificial Intelligence에 의해 집합하고, 번식하여 스스로 몸집
을 키운다. 그리고 무기로 변신하는데 마치 공상과학영화 〈트
랜스포머(Transformer)〉같이 모양이 자유자재로 변한다.

그런데 이 극미세로봇(Nanobot)들은 어떻게 에너지를 조달하는
가? 끔찍한 것은 이 괴물들은 자신들이 사살한 적군의 시체를
분해하여, 에너지를 얻고 세포를 불려나간다는 것이다. 이것을
에너지를 스스로 얻는 전술로봇(Energetically Autonomous Tactical
Robot)라 하고 줄여서 Eatr(이터)라 하는데, 공상이 아니라 곧 다
가올 현실이 되고 있다.

죽은 자는 흔적을 남긴다

Forensic Science

얼마 전 한국에서 한 부부가 탄 승용차가 그대로 **레저발**(Reservoir 저수지)로 주행했다. 운전을 한 부인은 사망했고 남편은 살았다. 남편의 이야기에 따르면 운전이 미숙한 아내가 브레이크를 밟지 못하고 그대로 물속으로 돌진했다는 것이었다. 그러나 **코러너**(Coroner 검시관)가 사체를 부검한 결과(Perform A Autopsy) 이미 여인이 저수지에 빠지기 전 사망한 것으로 확인되었다.

드라우닝(Drowning 익사)의 경우 사망자의 **렁**(Lung 폐)에는 물이 차고 **레스퍼러토어리 트랙트**(Respiratory Tract 기도)에는 호수의 플랑크톤이 남아 있어야 했다. 그러나 부인의 기도와 폐에는 물이 들어간 흔적이 없었다. 남자는 살인으로 기소되었고 유죄의 판결을 받았다. 남편이 경찰이었다고 하는데, 그 정도의 **퍼렌식**(Forensic 법의학적)한 지식도 없었던 것일까.

최근 미국 방송에서 〈CSI(Crime Scene Investigation)〉같은 드라마가 인기리에 방영되면서 법의학(Forensic Science)에 대한 관심이 높아졌다. Forensic Science(퍼렌식 사이언스)는 범죄수사에 과학적 방법으로 접근해 꼼짝 못 할 **에버던스**(Evidence 증거)를 찾아내

는 것이다.

목격자(Witness)나 증인의 진술, **인테러게이션**(Interrogation 취조)에 의한 자백은 틀릴 가능성이 있지만 DNA나 같은 CCTV를 이용한 과학수사는 절대로 거짓말을 하지 않는다. 그 중에 **핑걸린트**(Fingerprint 지문)는 수 천년이전부터 사용되어진 Forensic Science의 대표적인 예다.

13세기 중국의 송나라시대 송자(宋慈)라는 지방관리가 있었다. 그가 수령으로 근무하던 당시 마을에서 살인사건이 일어났다. 한 농민이 목에는 예리한 흉기로 베인 흔적이 있었고, 과다출혈이 **코즈 어브 데쓰**(Cause Of Death 사인死因)이었다.

송자(Song Ci)는 죽은 돼지의 몸통을 걸어놓고 식칼, **셔벌**(Shovel 삽), **시컬**(Sickle 낫), **피캑스**(Pickax 곡괭이) 등 여러 가지 날붙이로 찔러 본 결과 상처는 Shovel에 의한 것으로 판명되었다. 그는 전 마을의 남자들에게 삽을 들고 공터에 모이라고 하고 전원 삽을 머리 위로 쳐 들라고 지시하였다.

밤이 되자 어디선가 **블로우플리**(Blowfly 쉬파리)들이 몰려왔는데 유독 한 사람의 삽에만 모여들었다. 남자는 삽을 깨끗이 씻었지만 미물인 파리의 피냄새에 대한 **인스팅크트**(Instinct 본능)를 속일 수가 없었던 것이다. 추궁하자 살인을 자백했다. 남자는 피살자와 채무관계에 있던 남자였다. 송자는 1248년『세원록(洗寃錄)』이란 법의학 책을 발간하고 과학적인 수사의 방법을 밝혔다.

세원(洗冤)이란 '원통함을 씻는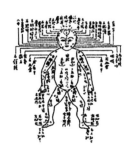
다'는 의미이다. 옛날에는 **이너
선트**(Innocent 무고한)한 사람이
고문이나 강압에 의해 범인으
로 몰려 억울하게 옥살이를 하
거나 처형되는 경우가 비일비
재했다.

이 책은 19세기 말 『Collected Cases Of Injustice Rectified』라
는 영어제목으로 번역되어 서양에 널리 퍼지게 되었고, 서양의
Forensic Science의 시작은 송자의 『세원록』에서 시작되었다는
게 정설이 되었다. Injustice(인저스티스)는 '부당함', Rectify(렉터
파이)는 '바로잡다'의 의미이다. 현재도 미국 FBI에서 법의학을
공부하는 학생들이 가장 먼저 배우는 것이 이 책이다.

Forensic이란 단어는 고대그리스어(Ancient Greek)로 **포럼**(Forum
광장)에서 왔다는 것이 정설이다. 죄를 저질렀다고 의심되는 사
람을 Forum에 세우고 이 사람을 **어큐즈**(Accuse 비난)하는 쪽의
사람과 **디펜드**(Defend 변호)하는 측에서 열띤 토론을 벌였는데
가장 설득력있는 쪽의 주장에 의해 유, 무죄(Guilty Or Not Guilty)
가 결정되었다.

당시 광장은, 많은 이들이 자유로이 모이는 집회의 장소(Place
Of Assembly)였기에 대중들이 재판관이 된 것이다. 앞서 나온
'사인'이라는 Cause Of Death는 '사망방법'을 말하는 Manner
Of Death(매너 어브 데쓰)와는 미세하지만 구별해야 한다. Cause

Of Death는 사망자가 어떤 병이나 어떤 상처에 의해 죽었는지를 밝히는 것이고, Manner Of Death는 사망자가 죽음에 이르게 된 과정을 나타내는 것이다.

Manner Of Death에는 자연사(Natural), 사고(Accident), 살인(Homicide), 자살(Suicide), **언드 터먼드**(Undetermined 원인미상)의 5가지로 크게 나뉜다.

대바구니에 들어가 지옥으로 떨어진다
Go To Hell In A Handbasket

어떤 일이 되어가는 상태가 급격히 악화되어 실패와 파멸이 **이네버터벌**(Inevitable 피할 수 없는)한 지경에 이르렀을 때 자주 쓰는 표현에 Go To Hell In A Handbasket(고우 투 헬 인 어 핸드배스컷)이 있다.

With The Way He's Running Things, The Company Is Going To Hell In A Handbasket!
그가 일을 처리하는 방식을 보니, 회사가 끝장이 나는 것은 피할 수가 없겠다.

그런데 어째서 직역하면 '손바구니에 들어가 지옥에 가다'라고 하는가? 이야기는 약 400년 전 프랑스로 올라간다. 당시 프랑스는 태양왕 루이14세가 다스리고 있었고 국력은 **피너컬**(Pinnacle 절정)에 달했다. **엑스트래버건트**(Extravagant 호화로운)한 베르사유궁전(Versailles Castle)이 지어졌고, 왕족과 **어이스터크랫스**(Aristocrats 귀족)들의 사치는 끝 가는 줄을 모르게 달려가고 있었다. 뒤를 이은 루이15세는 영국과 소모적인 7년 전쟁에 들

어가 국가부채는 늘어갔고, 국고는 텅텅 비어 나라는 **뱅크럽트**(Bankrupt 파산) 직전에 이르게 되었다. 그 와중에도 왕과 애인이었던 마담 퐁파두르(Madam Pompadour)의 방탕적인 사생활은 국민들의 분노를 자아냈다. Madam Pompadour(매덤 팜퍼도어)는 지금도 사치의 허영의 대상으로 사전에 남아있다. 영어에서 In Pomp(인 팜프)라 하면 '화려하게', '장엄하게'의 뜻이고 '젠체하는'의 Pompous(팜퍼스)는 널리 쓰이는 단어이다.

다음에 왕이 된 루이16세는 **인캄퍼턴트**(Incompetent 무능)하고 국정에는 아무 관심이 없는 어린 소년에 불과했고 오스트리아에서 시집온 왕비 마리 앙투아네트(Marie Antoinette)는 비싼 보석과 화려한 의상으로 몸을 감싸고 파티만 여는, 사치가 극에 달한 여인이었다. 국민들의 삶은 **미저러블**(Miserable 비참)했고 바쳐야 하는 세금은 늘어갔다. 당시 프랑스는 유럽에서 왕권이 가장 강한 **애브설룻 마나아키**(Absolute Monarchy 절대왕정국가)였고 왕권에 대한 도전은 죽음뿐이었다. 최고지도층은 The First Estate(더 퍼스트 에스테이트)라 해서 **클러지**(Clergy 성직자) 계급이었고 제2계급(Second Estate)은 귀족들이었는데, 세금을 한 푼도 내지 않았고 착취만 하는 존재였다.

굶어 죽어가는 농민들이 속출했다. 눈앞에서 가족과 자식들이 죽어가자 드디어 민중들이 일어났다. "빵을 달라"라고 외치며, 바스티유 성채(Bastille Fortress) 습격을 시작으로 성난 민중들이 왕정을 뒤엎고 **리퍼블릭**(Republic 공화국)을 세우게 되는데 이를 프랑스대혁명(French Revolution)이라고 한다. 이 과정에서 성직자들 왕족과 귀족 그리고 그들 정권의 수하가 된 수많은 군인과 경찰들, 이렇게 수 천에 이르는 자들에게 혁명의 적들(Enemies Of Revolution)이라는 죄로 **캐피털 퍼니쉬먼트**(Capital Punishment 사형)가 선고되었다.

그러나 이 많은 이들을 죽이는 작업은 쉬운 일이 아니었다. 그래서 등장한 것이 살인기계인 **길러틴**(Guillotine 단두대)이었는데 광장에 **스캐펄드**(Scaffold 나무계단)로 올라가는 단을 설치하고, 장치에는 시퍼렇게 갈린 무거운 칼이 높이 올려졌다 순간적으로 떨어지면서 사형수를 **디캐퍼테이트**(Decapitate 목을 벤다) 한다.

이렇게 잘린 목은 곧바로 대나무 바구니(basket)에 떨어지도록 설계되어 있는데 **엑서큐셔너**(Executioner 사형 집행인)가 그 목의 머리칼을 잡아 올려 관객에게 보여준다. 피가 뚝뚝 떨어지는 머리를 보면서 가득 모인 구경꾼들이 함성과 박수가 쏟아져 나왔다. 이렇게 처형된 죄수의 영혼은 곧장 지옥에 간다고 믿어졌고, 이 기계엔 국민 면도칼(National Razor)이란 **마니커**(Moniker 별명)가 붙여졌다.

Go To Hell In A Handbasket이란 어구는 위 이야기에서 유래했다. Handbasket(핸드배스컷) 대신에 '손수레'란 Handcart(핸드카아트), '외발수레'의 Wheelbarrow(휠베어로우)를 쓰기도 한다.

마음 편한 것이 최고

The Sword Of Damocles

약 2,000여 년 전 로마의 철학자(Roman Philosopher) 키케로 (Cicero)의 저서에는 다음과 같은 이야기가 나온다.

BC 5,6세기 이태리의 남쪽 시실리 섬(Sicilia)의 도시 시라쿠사 (Syracuse)에 디오니시우스(Dionysius)라는 왕이 있었다. 그는 **타이런트**(Tyrant 폭군)이었고 정적을 제거하는 과정에서 많은 적을 만들었기에 늘 **어새서네이션**(Assassination 암살)의 위협에 시달리고 있었다. Tyrant는 '폭군'을 말하며 비슷한 말로 Dictator(딕테이터), Despot(데스팟) 등이 있고, '폭정'은 Tyranny(티러니)라 한다.

침실의 주위에 길게 참호를 파서 **모우트**(Moat 해자)를 만들어 자객(Assassin)의 접근을 막고 면도를 할 때는 딸들에게만 시중을 들게 하였다. 어느 날 신하들 중에 다모클레스(Damocles)라는 **플래터러**(Flatterer 아첨꾼)가 다가와 Dionysius(다이어니시어스)에게 칭송의 말을 늘어놓기 시작했다. "대왕님께서는 세상의 온갖 부귀와 하인들의 시중을 받으니 얼마나 **블리스펄**(Blissful 축복받은)한 삶이십니까", 그 말에 왕이 "그렇게 보이는가? 그럼 너도 그 영화를 맛보도록 자리를 바꾸어 주겠다"고 말하고 자신의 자리를 그에게 내어 주었다.

Damocles(대머클리즈)가 왕좌에 앉으니 이보다 좋을 수가 없었다. 종들이 곁에서 **웨잇 안**(Wait On 시중을 들고)하고 산해진미를 맛보고, 귀중한 **퍼퓸**(Perfume 향수)과 향유가 그를 감싸고 있었다. 즐거움을 만끽하고 잠자리  에 드는데 호화로운 침대에 누워 위를 보자, **샤아프**(Sharp 날카로운)한 **소어드**(Sword 검)가 한 가닥 **호어스헤어**(Horsehair 말총)에 달려 위태롭게 **실링**(Ceiling 천정)에 매달려 있었다.

그 뒤로 산해진미도 그 맛을 느낄 수 없었고 부귀영화의 **아펄런스**(Opulence 풍요로움)도 부질없는 것으로 여겨졌다. 언제 말총이 끊어져 자신의 목을 칠 줄 모른다는 두려움이 유령처럼 따라다니고 있었다. 그는 Dionysius에게 달려가 무릎을 꿇고 이 명령을 거두어 달라고 **임플로어**(Implore 탄원) 한다.

Sword Of Damocles(소어드 어브 대머클리즈)는 '언제 닥칠지 모르는 불안'을 뜻하는 경구로 널리 쓰이고 있다. 미 케네디대통령은 1961년 유엔 **애드레스**(Address 연설)에서 당시 미소의 치열한 핵무기군비경쟁으로 인류가 "Live Under A Nuclear Sword Of Damocles(핵무기의 다모클레스의 칼 아래서 살고 있다)"라고 말했다. 이는 사소한 실수, 오해가 언제든 인류멸망의 재앙으로 이어질 수 있다는 경고였다.

열정이라는 이름의 범죄
Crime Of Passion

1994년 미국의 메릴랜드 주(Maryland State), 36세의 남자 케네스 피콕(Kenneth Peacock)은 장거리 트럭운전사(Long-Haul Trucker)로 결혼 5년째에 접어들고 있었다.

2월의 추웠던 어느 날, 그는 먼 지방으로 배송을 갔다가 **아이스 스톰**(Ice Storm 겨울폭풍)을 만나게 되고 **블리저드**(Blizzard 눈보라)를 헤매다 겨우 빠져나오게 되는데, 설상가상 휴대폰마저 불통이 되어 부인에게 연락도 없이 자정께 집으로 들어섰다. 침실의 문을 열자, 부부의 침대에 부인이 외간사내와 누워있는 것을 목격하게 된다.

Peacock(피콕)은 장롱에서 총을 꺼내들고 남자를 추적했지만 놓친다. 돌아온 그는 부인과 심한 말다툼을 하다 분을 이기지 못하고 총으로 부인을 살해하고 만다. 체포된 Peacock은 자신의 죄를 인정하고(Plead Guilty) 재판을 받게(Stand Trial) 되었는데, **18개월 인카아서레이션**(Incarceration 징역형)이 선고되었다. 모두가 놀란 가벼운 형이었다.

미국의 형법은 세계에서 가장 **서비어**(Severe 엄격)한 것으로 유명하다. 특히 살인이나 강도, 강간은 거의 무기징역이나 사형이

언도되어 사회로부터 영구히
격리시키는 것이 보통이다.
살인은 1급살인(First Degree
Murder)과 2급살인(Second

Degree Murder)으로 크게 나뉘는데, 1급이나 2급 모두 살인의 **인텐천**(Intention 의도)은 있지만 1급은 **윌펄너스**(Willfulness 계획적)한 있는 살인을 말한다.

예로, 부인이 남편에 보험을 들어놓고 애인과 공모하여 오랜 시간 **프리메더테이트**(Premeditate 숙고)하여 살해했다면 1급 살인으로 거의 무기징역이나 사형이 선고된다. 2급에서는 두 사람이 길을 가다 부딪쳤는데 한 사람이 사과도 없이(Without Apologizing) 제 갈 길을 갔다가 부딪힌 쪽이 앙심을 품고 뒤를 쫓아 상대를 살해했다면 이것은 2급 살인에 해당된다. 죽일 Intention은 있었지만 미리 계획된(Premeditated) 것은 아니기 때문이다. 이 또한 20년 이상 혹은 무기의 형이 선고된다.

또 **맨슬로터**(Manslaughter 과실 치사)라는 살인의 형태가 있는데, 사람이 죽기는 했는데 **액서덴털**(Accidental 사고)로 죽는 경우를 말한다. Manslaughter에는 **발런테어리 맨슬로터**(Voluntary Manslaughter 고의과실치사)와 **인발런테어리 맨슬로터**(Involuntary Manslaughter 단순과실치사)가 있는데 차이가 있다.

술을 먹고 운전하다 사고로 **퍼데스트리언**(Pedestrian 보행자)을 사망케 했다면 Voluntary Manslaughter로 자신이 음주를 함으로써, 사망사고를 일으킬 수 있다는 사전지식이 있었음에도 군이

운전을 하여 사람을 사망케 했으므로 비교적 높은 형량이 나온다. 이런 경우는 **비히컬러 맨슬로터**(Vehicular Manslaughter 차량 치사)라는 용어를 쓰기도 한다. Involuntary Manslaughter는 **드라이브 언더 인플루언스**(DUI. Drive Under Influence 음주운전)도 아니고 신호위반도 아닌데 갑자기 사람이 튀어나와 불가항력적으로 사망케 한 경우로 가벼운 벌로 처리된다.

Peacock이란 남자는 법정에서 흥분한 상태에서 일시적인 **인새니티**(Insanity 정신이상)를 일으켜 자신도 모르게 범행을 한 것으로 인정되어 단순치사(Involuntary Manslaughter)로 여겨져 18개월 구금이 내려진 것이다.

이에 여성단체를 중심으로 격렬한 항의가 일어났다. **배터드 와이브즈**(Battered Wives 매 맞는 부인)들은 남편을 살해해 5년, 심지어 10년 이상의 형을 받았는데 **젠더 이퀄러티**(Gender Equality 양성평등)의 원칙이 무너진 것이라는 주장이었다. 남자와 여자, 그 풀 수 없는 숙제에서 수많은 범죄가 일어나는데, 이런 범죄를 Crime Of Passion(크라임 어브 패션)이라고 한다. 우리말로 하면 '치정(癡情)'에 의한 범죄인 것이다.

기쁨에 겨워

As Pleased As Punch

16세기 이탈리아에서는 전통연극인 〈코메디아 델라르테
(Commedia Dell'arte)〉가 유행을 하였는데 이 중에 〈펀치와 쥬디
인형극(Punch And Judy Puppet Show)〉이 있었다. 이 **퍼핏**(Puppet
인형)극이 17세기 영국에 건너와 퍼져나갔고 빅토리아시대
(Victorian Era)에 들어서는 전국의 도시에서 상영될 만큼 인기몰
이를 했다. 그러다 1900년도가 되자 여름이면 영국 전역의 해
변휴양지(Seaside Resort) 모래사장에 흰 천에 빨간 줄무늬를 두
른(Candy-Striped) 좌판에서 아이들과 어른을 끄는 주 오락으로
인형극으로 공연되었다. 당시의 〈영국 아이〉라는 누구나 몇 번
씩 보는 단골프로그램이 된 것이다.

공연의 주인공은 펀치넬로(Punchinello)라는 이름을 가진 남자
로 작고 땅딸한 몸을 가진 **헌치백**(Hunchback 곱사등이)이었다. 그
는 연극에서 **세이더스트**(Sadist 가학 성애자)로 악마로 그리고 **시
어리얼 킬러**(Serial Killer 연쇄살인자)로 나오며 흉악한 범죄를 저지
르는(Commit Heinous Crimes) 악당으로 묘사되고 있다. **훅트 노
우즈**(Hooked-Nose 매부리코)에 자신이 틀렸다는 것을 결코 인정
하지 않고 콧대가 높았으며(Proud) 마음에 들지 않는 일이 있

으면 살상도 마다않는 야만적인 캐릭터로 나오는데 오늘날에도 Punchinello(펀치넬로우)라고 하면 '생김새가 추한 남자'를 가리키는 명사로 쓰인다.

그의 아내 쥬디(Judy)도 기가 세고(SAssy) **내깅**(Nagging 바가지 긁는)하는 캐릭터로 둘의 부부싸움은 아주 심한 폭력으로 이어졌다. 어느 날 Punch(펀치)는 자신의 **인펀트**(Infant 갓 난 아기)를 벽에 던져 죽이고 Judy(주디)를 때려죽이게(Beat To Death) 되었다. 그 죄로 체포되어 옥에 갇히게 되는데 어디선가 황금열쇠를 손에 넣어 탈옥을 하게 된다.

도망 중, **인 브로드 데일라이트**(In Broad Daylight 백주대낮)에 경찰관과 의사, 변호사, **행먼**(Hangman 교수형집행인) 그리고 죽음과 악마를 무참하게 죽이는데 한명씩 죽일 때마다 "그래! 이렇게 하는 거야", That's The Way To Do It(댓스 더 웨이 투 두 잇)을 소리치면서 살인을 계속하였다.

That's The Way To Do It은 Punch가 잔인한 짓을 할 때마다 외치는 말이었는데 당시 큰 **캐치 프레이즈**(Catch Phrase 유행어)가 되었다. 한바탕의 살인소동(Killing Spree)을 벌이는 동안 그는 너무나 **플리즈드**(Pleased 기뻐하며)하고 신이 나 크게 웃는 것이었다. 여기서 유래하여 사람이 '아주 기뻐하는'을 나타내는 어구 As Pleased As Punch(애즈 플리즈드 애즈 펀치)가 나왔다.

My Sister Was As Pleased As Punch When She Passed Her
Driving Test
내 여동생은 면허시험에 합격하자 뛸 듯이 기뻐하였다.

그리고 항상 자신만만하게 다니는 Punch의 모습에서 '펀치처
럼 당당한'이란 As Proud As Punch라는 관용구도 나왔다.

Tom Came In Tonight As Proud As Punch That Mary Agreed
To Be His Wife
톰은 메리가 자기의 아내가 될 것을 허락하자 위풍당당하게 밤
에 돌아왔다.

〈Punch And Judy Puppet Show〉는 20세기 중반에 들어 교육
에 좋지 않다는 비난에 점점 사라졌지만 위의 숙어는 계속 일
상대화 속에 살아 돌아다니고 있다.

말뚝에서 '태움'

Burn At The Stake

중세시대 유럽은 **크리스치애니티**(Christianity 기독교)가 모든 것을 지배하는 사회였다. 아기가 태어나면 교회에서 **뱁티점**(Baptism 세례)을 받고 교회가 세운 학교를 다녔다. 결혼의식도 신부님의 주례로 이루어지고 교회소유의 밭에서 일하고 세금을 교회에 바쳤다. 죽을 때는 신부님이 베푸는 **래스트 라이트**(Last Rite 종부성사)를 받았고 교회가 소유한 **세머테어리**(Cemetery 교회묘지)에 묻혔다.

교회가 **오어퍼너지**(Orphanage 고아원)를 운영하고 과부나 의지할 곳 없는 노인 등 사회적 약자들의 울타리가 되었다. 그러나 민중의 모든 삶을 통제하는 속박의 굴레이기도 했다. 이런 사회에서 가장 큰 죄는 교회의 가르침에 반하는 행동을 하는 것이었다. **미디엄**(Medium 무당)을 찾고 **위치크래프트**(Witchcraft 무속행위)를 하는 것은 가장 큰 범죄였다. 미사도중에 술에 취해 서로 싸움을 벌이는 사소한 것도 모두 극형(Capital Punishment)에 처해졌다.

형벌은 가장 잔인하고 고통스러운 방식으로 행해졌다. 교회의 교리를 따르지 않는 **헤러틱**(Heretic 이단자)은 지옥에 떨어져 이런 끔직한 벌을 받는다는 본보기를 보이는 것이었다. 교회의 **어쏘러티**(Authority 권위)에 도전하는 것과 이단(Heresy)으로 낙인찍히는 것은 바로 죽음을 의미했다. 그 형벌은 죄인을 **스테익**(Stake 말뚝)에 묶고 불에 태워 죽이는 화형이었다.

영국과 100년 전쟁에서 프랑스를 구한 잔 다르크(Joan Of Ark)도 조국 프랑스인들에 의해 Heresy과 Witchcraft로 몰려 화형에 처해졌다. 그녀가 19세가 되던 1431년의 일이었다. 이 시기를 중세 **다아크 에이지즈**(Dark Ages 암흑시대)라 부른다. 그러다 14세기에 접어들자 인간이 중심이고, 예술이 인간의 희로애락을 자유롭게 표현하는 그리스시대로 되돌아가자는 르네상스(Renaissance)의 바람이 불기 시작했다. Renaissance(레너상스)는 나폴리, 베니스, 피렌체를 중심으로 이탈리아에서 시작되었다. 이탈리아에서 문학과 예술이 융성했지만 과학의 Renaissance는 발트 해(Baltic Sea) 연안의 폴란드에서 꽃이 피었다.

1500년대 중반 폴란드의 한 대학의 교수였던 코페르니쿠스(Copernicus)는 우주의 중심이 지구가 아니라 태양이며 지구는 태양의 주위를 공전하는 단지 **플래닛**(Planet 행성)에 불과하다는 지동설을 주창했다. 성경의 교리에 어긋나는 위험한 학설이었다. 교회의 압력에 Copernicus(커퍼너커스)는 지하로 숨고 만다. 하지만 이탈리아의 도미니크수도회(Dominican Order) **프라여**(Friar 수사)였던 조르다노 브루노(Giordano Bruno)는 지동설을 설파하고 다녀 교회와 충돌이 일어났다.

Bruno(브루노우)는 **인퀴지션**(Inquisition 종교재판)에 넘겨져 가혹한

 **인테어러게이션**(Interrogation 심문)을 받게 된다. 그는 살이 찢어지고 뼈가 부서지는 모진 고문에도 주장을 굽히지 않는다. 재판관이 너의 주장이 잘못임을 인정하고 **릿랙트**(Retract 철회)하면 목숨을 살려 주겠다고 했지만 Bruno는 죽음을 택하고 Stake에 묶여 불태워 졌다.

지구는 둥글고 태양주위를 돌며, 우주는 **인퍼닛**(Infinite 무한)하다는 오늘날 너무나 당연한 일을 주장했다는 이유로 잔혹한 죽임을 당한 것이다.

Giordano Bruno(조어다노우 브루노우)의 **스태추**(Statue 동상)는 오늘 날에도 로마의 광장에 세워져 진실에 대한 자유를 대변하고 있다. 말뚝을 나타내는 Stake에는 매우 중요한 의미가 있다. Burn At The Stake(번 앳 더 스테익)이라는 이 무서운 유래를 가진 숙어는 오늘날은 비유적으로(Figuratively) 누군가를 '혹독히 비난하다', '가혹하게 벌하다'는 의미로 널리 쓰인다.

Stop Yelling, I Made A Simple Mistake And You're Burning Me At The Stake For It
소리 좀 지르지 마, 나는 아주 자그마한 실수를 했는데, 너는 나를 잡아먹으려 하네.

처음 미국신대륙으로 이주한 **세털러**(Settler 정착민)들은 자신들의 집을 짓고 주위에 말뚝(Stake)으로 방책을 삼아 가족과 재산을 보호하였다. 자연재해나 원주민들의 공격 등 어쩔 수 없는 이유로 이주를 하게 되면 이 말뚝들을 **풀 업**(Pull Up 뽑아) 해 다른 곳으로 이동하는데, 여기서 나온 Pull Up Stakes(풀 업 스테익스)는 자신의 근거지를 완전히 옮길 때 지금 널리 쓰고 있다.

This Is The Fourth Time In 5 Years That We've Had To Pull Up Stakes
우리가 짐을 싸는 것은 5년 동안에 이번이 4번째야.

또 Stake에는 전혀 다른 의미로 **웨이저**(Wager 내기)에 걸린 돈을 나타내기도 해, 무언가가 '아주 불안한 상태', '앞일이 어찌 될지 모르는 위태로운 상태'를 가리킬 때 At Stake의 형태로 쓴다. At Stake는 매우 중요하게 일상회화에 나오고 있다.

Thousands Of Lives Will Be At Stake If Emergency Aid Does Not Arrive In The City In Time
만약 긴급구호물자가 제시간에 이 도시로 오지 않으면 수 천명의 생명이 위태로워 질 것이다.

또 형사들이 용의자의 거처주위에 '말뚝처럼 꼼짝 않고 잠복'하는 것을 Stake Out(스테익 아웃)이라 하는데 수사드라마에서 너무나 많이 나오는 표현이다.

내게 그림자같은 사람
Conjoined Twins

1811년 **타일랜드**(Thailand 태국)에서 쌍둥이 사내애가 태어났다.
이름은 창(Chang)과 응(Eng)이었는데 아기는 둘이었지만 몸 한
가운데가 붙은 **칸조인드 트윈즈**(Conjoined Twins 접착쌍둥이)였다.
5~20만 명의 태아 중에 하나 나온다는 선천적 **애브노어맬러티**
(Abnormality 기형)이었다. 자궁 내에서 쌍둥이로 수정된 **엠브리오
우**(Embryo 배아)가 분열하지 못하고 몸이 붙어 자라는 것이었다.
20만중에 하나라 해도 태아는 임신 중에 대부분 사망하기에
Conjoined Twins(칸조인드 트윈즈)로 태어나는 것은 대단히 **레러
티**(Rarity 희귀)한 일이었다.

1829년 영국의 한 **안트럽러너**(Entrepreneur 기업가)가 이 소식을
듣고 돈벌이를 궁리해 냈다. 이 둘을 구경거리로 내세워 전 세
계를 순회하는 쇼를 기획한 것이다. 이들을 창과 응 형제(Chang
And Eng Brothers)라 이름 짓고 하나가 된 형제(United Brothers)라
는 별명으로 공연을 벌였는데 쇼는 대성공을 거두었다. 장애인
의 인권같은 것은 없던 미개한 시절의 일이었다.

이 형제는 공연으로 번 돈으로 미 노스캐롤라이나(North
Carolina)에 이주해 큰 저택을 짓고 노예를 사 **플랜테이션**

(Plantation 대농장)을 경영했다. 그리
고 마을의 아가씨 자매와 결혼해 22
명의 자녀를 두게 된다. 이 형제들이
Thailand에서 태어났고 Thailand의
옛 이름이 샴(Siam)이였기에 여기서
사이어미즈 트윈즈(Siamese Twins 샴쌍
둥이)라는 단어가 탄생했다.

Plantation이란 '대규모의 기업형 농장'을 가리키고 Conjoin(칸조
인)은 '결합시키다'의 의미의 낱말이다. 오늘날 Siamese Twins
는 서로 떨어지지 않고 '늘 붙어 다니는 두 사람'을 비유적으로
말할 때 쓰게 되었다.

The Two Organizations Were So Closely Knit, They Were
Practically Siamese Twins
그 두 조직은 긴밀히 연결되어, 사실상 샴쌍둥이 같이 행동한다.

석쇠에서 굽는다는 것

Grill

서기 200년경 로마제국에서는 기독교가 **퍼서큐션**(Persecution 박해)이 심한 시절이었다. 당시 교황 식스토2세(Pope Sixtus Ⅱ)의 밑에는 7명의 **디컨즈**(Deacons 부제)들이 있었는데 라우렌시오(St. Lawrence)는 그중의 한명으로 가난한 자와 병든 이들을 위한 성직자이었다.

258년 기독교에 대한 대규모 탄압으로 교회지도자들에게 사형이 언도되었다. 형장으로 끌려가는 Pope Sixtu(포움 식스터스) 2세의 뒤를 Lawrence(로런스)가 울면서 따라갔다. 그러나 교황은 Lawrence에게 웃으며 이야기한다.

"울지 말거라, 3일후면 너도 나의 뒤를 따를 것이다."

Lawrence는 그 이야기를 듣고 크게 기뻐하며 교회로 돌아온다. Deacon은 교회의 직급이며 현대에는 교회의 '집사'를 말하고, Persecute(퍼서큣)은 '박해하다'라는 중요한 단어이다.

당시 로마의 **프리펙트**(Prefect 지방수령)는 **그리디**(Greedy 탐욕스런)한 자였는데 필시 교회가 막대한 **트레저즈**(Treasures 보물)를 감추고 있을 거라고 믿었다. Prefect는 Lawrence를 불러 3일의 시간을 줄 테니 교회의 모든 보물을 바치라고 명령한다. 그러자

Lawrence는 교회가 간직한 재물과 값비싼 집기 등을 가난하고 병든 자들에게 남김없이 나누어주고 그들을 끌고 Prefect앞으로 나아가 "이들이 교회가 가진 보물입니다"하고 말한다.

화가 끝까지 치민 Prefect는 Lawrence에게 사형을 선고하고 가장 잔인하고 고통스런 방법으로 죽이라 지시한다. 그 방법은 결박한 상태에서 쇠로 된 격자(Iron Grid)에 구워 죽이는 것이었다. Lawrence는 벌겋게 단 **그릴**(Grill 석쇠) 위에서 **로우스트**(Roast 구워지다)되기 시작했지만 사랑하는 하나님을 위해 죽는다는 기쁨에 고통을 느끼지 못한다.

I'm Done On This Side, Turn Me Over!
이 쪽은 잘 구워졌네요. 자! 이제 뒤집어 주세요!

스테이크를 주문할 때 '바싹 굽는 것'을 Well-Done(웰 던)이라는 데서 보듯 Done(던)은 조리용어에서 '푹 삶은', '바싹 구운'의 뜻이다. Lawrence는 가난한 자와 병든 이들을 위해 **마아터덤**(Martyrdom 순교)함으로써 **세인트**(Saint 성자)가 되었고 매년 8월 10일은 그를 기리는 **피스트 데이**(Feast Day 축일)가 되었다. 오늘날 초상에서 한 손에 구호품을 한 손에는 석쇠를 든 그의 모습을 볼 수 있다.

Roast는 '불에 굽다'라는 동사로 '밤

이나 콩 등을 볶다'라 할 때도 Roast라 한다. Grill(그릴)은 명사로 '석쇠'를 말하지만 동사로 써 '석쇠에 굽다'라는 의미로도 쓰인다.

야만적인 이런 처형방식은 현대에 들어 사라졌지만 Roast와 Grill이란 단어는 사전에 원뜻이 그대로 살아있다. Roast는 '혹평을 하다', '심하게 깎아 내리다'의 의미로도 쓰인다.

The Movie Is Being Roasted By The Critics
그 영화는 비평가들로부터 혹평을 받고 있다.

또한 Grill은 '꼬치꼬치 캐묻다', '곤란한 질문공세를 퍼 붓다'의 뜻으로 널리 쓰인다. 특히 Grill은 청문회에서 증인에게 하는 날카로운 질문, 고위공직자들의 임명청문회등에서 후보자에게 하는 공격적인 질문세례에서 많이 나온다.

After Being Grilled By The Police For 2 Days, Johnson Signed A Confess
이틀에 걸친 경찰의 강한 심문에, 존슨은 자백서에 사인을 했다.

편의점같은 결혼
Marriage Of Convenience

최근 들어 우리나라에서 농어촌
의 총각들이 신부를 구하지 못
해 필리핀이나 베트남, 캄보디아
등 **디벨러핑 컨트리즈**(Developing
Countries 개발도상국)의 여성들과 국제결혼을 하는 경우가 늘어
났다.

미국에서도 1950년대 이후, 미국인 남성과 결혼하여 아메리칸
드림을 꿈꾸는 여성이 많이 입국하였다. 동남아시아나 라틴아
메리카에서 오는 여성이 많았고 뒤에 구소련의 붕괴로 러시아,
벨로루시, 우크라이나(Ukraine) 같은 쪽에서도 결혼이주여성이
늘어났다. 미 남성들이 국제결혼중매업자(International Marriage
Agency)가 우편으로 보내주는 카탈로그(Catalogue)에서 마음에
드는 여성을 고르면, 나머지는 소개업자가 결혼을 성사시켜주
는 그런 방식이었다. 이런 외국인여성들을 '우편으로 주문하는
신부'라 하여 Mail-Order Bride(메일 오어더 브라이드)라 불렀다.
또 이런 결혼을 '편리한 결혼' 즉 Marriage Of Convenience(메어
리지 어브 컨비년스)라고 했다.

업스 언드 다운즈(Ups And Downs 좋을 때와 나쁠 때)나 **트위스트스 언드 턴즈**(Twists And Turns 우여곡절)가 없는 결혼이 어디 있겠는가 만은 다 그렇다라고는 할 수 없다. 이렇게 결혼한 여성들 중 일부는 남자로부터 **어뷰시브**(Abusive 학대)한 취급을 받거나 **더메스틱 바이얼런스**(DV Domestic Violence 가정폭력)의 피해자가 되기도 했다. 심한 경우에는 범죄나, 생명보험살인(Life Insurance Fraud)의 대상이 되기도 했다. 사랑이 없이 서로의 편리만을 목적으로 했기에 생기는 부작용일지도 모른다.

편의점을 CVS(Convenience Store)라 하는데서 보듯 Convenience(컨비년스)는 '편의, 편리'의 뜻이다. 자신이 즐거울 때는 찾지도 않다가 꼭 금전이나 도움이 '필요할 때만 연락하는 **셀프 센터드**(Self-Centered 자기중심적인)한 친구'를 Friend Of Convenience(프렌드 어브 컨비년스)라고 부른다.

질투의 화신
Green-Eyed Monster

사람이 가진 감정 중에 정말 쓸데 없는 것이 **젤러시**(Jealousy 질투)인데 인간은 누구라도 불같이 타오르는 이 감정에 자주 **컨숨**(Consume 사로잡다)하곤 한다.

Jealousy는 자신에게 없는 능력이나 외모 등 **애드밴티지**(Advantage 장점)를 남이 가지고 있을 때 그것을 시기하고(Jealous) **엔비어스**(Envious 부러워)하는 어리석은 감정이다. Jealousy를 영어에서 녹색의 눈을 한 괴물(Green-Eyed Monster)이라고 흔히 하는데 이 말의 유래는 셰익스피어(Shakespeare)의 작품에서 왔다. 옛 서구사람들은 병이 든 사람의 안색은 **옐로우이쉬**(Yellowish 노르스름)한 녹색으로 느껴서 **그린**(Green 녹색)에 대한 느낌은 건강하지 못한 것(Sickness)으로 알았다. 또 과일을 **언라입**(Unripe 덜 익어)한 푸른 것을 먹고 **스터먹 일너스**(Stomach Illness 배탈)가 나는 경우가 많았다. 영어에 '파란신호등'을 Green Light(그린 라이트)라 하는데서 녹색과 푸른색을 같이 쓰는 수가 많은 것을 알 수 있다.

또 고양이가 쥐를 잡아먹기 전에 **프레이**(Prey 먹이)를 가지고 괴롭힐 때 그 눈이 파랗게 빛이 나는 것을 보고 푸른색에서 **크리피**(Creepy 으스스)한 느낌을 받은 모양이다.

1596년 발표된 「베니스의 상인(The Merchant Of Venice)」1604년의 「오텔로(Othello)」에서 모두 Green-Eyed Monster(그린 아이드 만스터)란 말이 나오고 있다.

영국이 인도와도 바꿀 수 없다고 한 문호 셰익스피어는 영어에 수많은 낱말과 표현을 **코인**(Coin 만들다)했는데 그 수가 2,200개 이상에 달한다.

My Daughter Often Succumbs To The Green-Eyed Monster When She Sees The Toys That Her Friends Have
내 딸은 자기 친구들이 가진 장난감을 볼 때 늘 질투심에 사로잡힌다.

핏빛의 다이아몬드
Blood Diamond

고대부터 결혼식에서 반지를 신부의 손가락에 끼워주는 풍습이 존재했다. 남편이 반지를 낀 여성의 주인임을 표시한 것이다. 반지를 왼손의 셋째 손가락에 끼는 이유는 **하아트**(Heart 심장)에서 나온 **베인**(Vein 정맥)이 직접 이 손가락에 연결되어 있다는 믿음에서 나온 것이다.

처음 다이아몬드를 반지에 장식한 것은 1477년 오스트리아의 맥시밀리언 대공(Archduke Maximilian)의 **엔게이지먼트 링**(Engagement Ring 약혼반지)에서 시작되었다.

마릴린 먼로가 부른 노래 〈Diamonds Are A Girl's Best Friend〉처럼 다이아몬드는 여자의 가장 친한 친구가 되었다. 여자의 사랑을 쟁취하기 위해 남자는 거액을 지불할 준비가 되었고 가격은 높아만 갔다.

지구가 탄생하는 45억만년 전부터 지구의 가장 깊숙한 곳에서 수천도의 **하이 템프러처**(High Temperature 고온)과 극한의 압력(Extreme Pressure)에서 만들어진 이 영롱한 보석은 땅속 깊이 묻혀 사람의 손길을 거부해 왔다.

최근 보츠와나(Botswana)에서 세계에서 두 번째로 큰 다이아

가 발견되었는데 1,109캐럿으로 3,000만 달러로 추산되었다.

다이아몬드는 주로 아프리카에서 채굴되는데 이 **마인**(Mine 광산)에서 일하는 노동자는 극히 열악한 상태에서 강제노역(Forced Labor)에 시달리고 있다. 월급 몇 달러에 위험한 환경에서 사고로 **메임드**(Maimed 불구가 되다)되기도 하고 목숨을 잃기도 한다. 이 다이아몬드들이 **블랙 마아켓**(Black Market 암시장)에 팔려나가 앙골라, 아이보리코스트, 콩고 등의 **워어로어즈**(Warlords 군벌)들의 무기자금으로 들어가 피비린내 나는 전쟁이 이어지고 있다. 따라서 이 다이아몬드를 피의 다이아몬드(Blood Diamond), 갈등의 다이아몬드(Conflict Diamond)라 불렀다. 가난한 나라들이 가진 지하자원이 역설적으로 저주의 자원(Resource Curse)이 되었던 것이다.

1991년부터 11년 간 지속된 시에라리온(Sierra Leone)의 내전을 그린 레오나르도 디카프리오의 영화 〈Blood Diamond〉에 검은 다이아몬드에 얽힌 참상이 잘 나타나 있다.

보석을 걸친 슈퍼모델의 물결 같은 머리칼과 도도한 광대뼈를 구성하는 **프로우틴**(Protein 단백질)의 주성분이 **카아번**(Carbon 탄소)인 것처럼 다이아몬드의 원소도 불에 던져지면 사그라질 Carbon일 뿐인데 티파니(Tiffany)나 카르티에(Cartier)의 화려한 갈라쇼에 등장하는 빛나는 다이아몬드의 내막에는 다이아광산에서 희생된 노동자의 피가 스며있다.

단칼에 끊다
Quit Cold Turkey

미국은 헤로인(Heroine), 코케인(Cocaine), **메쌤페터민**(Methamphetamine 필로폰) 등 수 많은 **드러그**(Drug 마약)로 사회가 무너져 가고 있다. 마약쟁이들이 **어딕션**(Addiction 중독)에서 벗어나는 방법은 **서브스턴스**(Substance 약물)에 의존하는 **킥 더 해빗**(Kick The Habit 습관을 버리다)을 하는 수밖에 없다.

Kick The Habit하는 방법에는 어느 날 **어브럽틀리**(Abruptly 단칼에)하게 끊는 것이 가장 **이펙티브**(Effective 효과)하다고 한다. 그러나 말처럼 쉬운 것이 아니다. 이렇게 즉각 끊는 것을 Quit Cold Turkey(큇 코울드 터키)라 하는데 직역하면 '차가운 칠면조를 그만두다'는 뜻인데 이 숙어는 어디서 나온 것일까?

애딕츠(Addicts 중독자)들은 마약을 끊으면 심한 **윗드로얼**(Withdrawal 금단현상)에 시달린다. 몸엔 **구스 범프스**(Goose Bumps 닭살)같이 소름이 돋고 **코울드 번**(Cold Burn 식은땀)이 흐르며 눈에 헛것이 보이기도 하는 심한 고통이 뒤따른다. 이때의 Addicts의 피부는 **코울드**(Cold 차갑고)하고 오톨도톨해지고 **클래미**(Clammy 기분 나쁘게 축축한)해지는데, 이 느낌이 **러프리저레이터**(Refrigerator 냉장고)에 보관한 차가운 생칠면조의 껍질의 감촉과

닮았기에 Cold Turkey는 '마약을 끊다'라는 의미로 1920년대 초부터 미국에서 널리 쓰이게 되었다.

Cold Burn(코울드 번)은 '차가운 화상'으로 원래 '동상(Frostbite)'을 말하는데 중독자들의 속어로 '식은땀'을 나타낸다. 요즘에 와서 꼭 마약뿐만 아니라 데이트사이트, 포르노 같은 데 빠진 사람이 이런 습관을 끊을 때도 사용하게 된다.

I Was Addicted To Dating Apps, So I Quit Cold Turkey
나는 소개팅 앱에 빠졌었는데, 그래서 딱 끊어 버렸어.

중독이란 Addiction과 중독자를 나타내는 Addict는 아주 중요한 단어이다. 고대 로마제국에서는 전쟁에 승리하면 병사들에게 상으로 포로를 **슬레이브**(Slave 노예)로 나누어주었다. 이 노예를 Addict라 했는데 중독자들이 약의 노예가 된 것을 의미한다. 또한 **터키**(Turkey 칠면조)가 들어간 숙어 중에 Talk Turkey(톡 터키)라는 것이 있는데 '솔직히 말하다', '있는 그대로 말하다'의 의미이다.

1800년대 미식민지의 영국장교가 인디언과 사냥을 갔는데, 끝나면 포획한 짐승을 똑 같이 나누기로 했다. 사냥이 끝나자 칠면조 한 마리와 **크로우**(Crow 까마귀) 한 마리밖에 잡지 못했다. 영국인이 인디언에게 "내가 다른 것을 갖고, 니가 까마귀를 가

질래? 아님 니가 까마귀를 가지고, 내가 다른 것을 가질까?" 하고 뻔뻔하게 제안했다.

이에 인디언이 "왜 칠면조는 이야기 하지 않는가?", Why Do You Not Talk Turkey?(와이 두 유 낫 톡 터키)라고 되받아 쳤다는 이야기에서 Talk Turkey(톡 터키)는 '솔직히 말하다'라는 어구가 되었다. 보통 Talk Cold Turkey(톡 코울드 터키)라고도 하는데 Cold(코울드)에는 '차갑다'외에 **플레인**(Plain 숨김없는)과 **스트레잇 포어루어드**(Straightforward 복잡하지 않은)의 뜻이 있어 강조하는 쎈 표현이 되었다.

민주주의는 민중의 피를 먹고 자란다

Tiananmen Square Massacre

1989년 5월, 중국 북경(Beijing)의 중심지에 약 100만에 가까운 사람이 모여들었다. 대학생이 중심이 된 젊은이들이 대부분이었다.

그들은 **디마크러시**(Democracy 민주주의)를 요구하며 **커럽트**(Corrupt 부패)하고 **립레시브**(Repressive 억압적)한 당지도자들(Party Leaders)의 **레저그네이션**(Resignation 해임)을 요구하며 불같이 일어났다. 공산당 일당독재의 중국에서 보기 드문 광경이었다. 대규모 시위가 3주 이상 이어졌고 **비절**(Vigil 철야)집회로 이어졌다.

6월 4일, 천안문(Tiananmen) **스퀘어**(Square 광장)을 가득 메운 시위자를 향해 **트룹스**(Troops 군병력)와 공안(Security Police)으로 이루어진 진압대가 탱크를 몰고 난입하였다. 젊은이들은 돌을 던지고 군용차량을 뒤엎고(Overturn) **셋 파여**(Set Fire 불을 지르다)하며 격렬하게 저항했다. 그러나 **인디스크리머너틀리**(Indiscriminately 무차별적)로 발포가 시작되었다. 최소 300명에서 수 천 명에 이르는 인명이 피를 흘리며 쓰러졌다. 그리고 10,000명이 넘는 시위자들이 투옥되었다.

매서커(Massacre 대학살)의 참상은 서방의 언론에 의해 고스란히 전 세계에 중계되었다. 그 잔인한 폭력에 당시 소련의 미하일 고르바초프도 **디나운스**(Denounce 비난)했고 부시행정부는 인권에 대한 유린으로 간주하고 미 의회(Us Congress)의 결의로 경제제제를 가하게 된다.

Massacre는 한 번에 많은 인간의 목숨을 잔악하게 살해하는 것이다. 1929년 알 카포네(Al Capone)가 암흑가를 손에 넣기 위해 상대방 조직원 7명에게 총격을 퍼부어 살해한 날은 발렌타인 데이였다. 이날을 발렌타인 데이 대학살(St. Valentine's Day Massacre)이라 하는데 미국 갱 역사에 길이 남아있다.

나이키의 모토 '그냥 해버려'
Just Do It!

 1998년에 시작된 나이키(Nike)의 캠페인 Just Do It!(저스트 두 잇)은 20세기의 가장 성공한 **태그 라인**(Tag Line 광고카피)으로 알려져 있다.

당시 Nike는 경쟁사인 리복(Reebok)에 밀려 업계 2위로 고전을 면치 못하고 있었다. 1위의 자리를 차지하기 위해서는 소비자의 마음을 사로잡을 획기적인 마케팅전략이 필요했다. 이때 등장한 짧지만 강렬한 이 한 **슬로우건**(Slogan 구호)으로 모든 전세를 뒤집어 버리고, Nike는 업계의 부동의 1위를 차지한다.

그런데 소비자의 마음을 빼앗은 이 **라인**(Line 문구)은 유래는 37세의 나이에 형장의 이슬로 사라진 게리 길모어(Gary Gilmore)라는 한 사형수(Death Row Inmate)가 남긴 **래스트 워드**(Last Word 마지막 말)에서 비롯되었다.

Gary(게어리)는 1940년 텍사스 주에서 태어났다. 아버지는 **앨커할릭**(Alcoholic 알코올중독자)으로 감옥을 밥 먹듯 들락거리는 자였고, 아들인 Gary에게 가혹한 폭력을 행사한다. 아들은 꽃다운 나이인 14세부터(At The Tender Age Of 14) **리포어머토어리**

(Reformatory 소년원)를 전전하며 생활하다가, 35세에는 인생의 절반을 교도소에서 보내게 된다. 그는 세상과 인간을 증오했지만 오직 한 사람, 사촌누이에게만은 다정한 남자였다. 하지만 그녀의 간곡한 호소에 착실한 삶을 살고자 노력을 하지만 늘 실패로 돌아갔다.

36세가 되어가던 때 가까스로 석방된 그는 미전역을 돌아다니며 두 달이 채 안되어 다시 끔직한 범죄를 저지른다. 유타 주의 **개스 스테이션**(Gas Station 주유소)에서 **라버리**(Robbery 강도짓)를 한 뒤 아무 반항도 않던 직원을 총으로 사살하고 다시 모텔에서 강도 후 무고한 종업원을 살해해 버린다.

체포된 Gary는 재판에 넘겨졌지만 증거가 부족했기에 지루한 공방이 계속 이어졌다. **퍼블릭 디펜더**(Public Defender 국선변호인)는 사형만은 피하고자 모든 노력을 기울였다. 하지만 Gary는 모든 죄를 깨끗이 인정하고 자신을 사형에 처해달라고 요구했다. 1977년 마침내 사형이 선고된 그에게 재판관이 **행잉**(Hanging 교수형)과 총살 중 하나를 고르라는 선택권을 주었고 Gary는 5명의 지원자로 구성된 **파이링 스쿼드**(Firing Squad 총살부대)에 의한 총살(Execution By Firing Squad)로 생을 마감할 것을 택한다.

그 당시 미국에서는 사형에 대한 **프로우즈 언드 칸즈**(Pros And Cons 찬반)가 거셌고 사형반대론자들의 주장이 우세해 근 10년 동안 사형이 집행되지 않고 있었다. 그 뒤 흉악범죄가 많아지자 사형제(Capital Punishment)가 **리인스테이트**(Reinstate 재도입)되었는데, Gary는 미국에서 10년 만에 처음 사형에 처해진 범죄자가 되었다. 폭력과 범법으로 얼룩진 인생이었지만 그는 총명한 사람이었다. 수감 중 많은 책을 읽고 시와 수필을 썼다.

사형이 집행되는 날, 5명의 사형집행지원자들에게는 **라이펄**(Rifle 소총)이 주어졌고 단 한정의 Rifle에는 실탄이 아닌 **블랭크**(Blank 공포탄)가 장전되었다. 5명의 Firing Squad는 Gary로부터 20보 떨어져 정렬했다. 생의 마지막 순간에 집행관(Executioner)이 Gary에게 마지막 남길 말(Last Word)이 있냐고 물었다. 그는 짧게 한마디 내뱉었다.

Just Do It!
그냥 해버려!

이 말이 그대로 Nike의 Tag Line이 되어 영원히 남아 있다. Gary Gilmore(게어리 길모어)의 생애와 이야기는 「사형집행관의 노래(The Executioner's Song)」라는 논픽션소설로 발표되어 퓰리처상을 수상했고, 명배우 토미 리 존스가 주연한 할리우드 영화로 만들어졌다.

춘향이 목에 찬 칼
Pillory

1961년 5·16 쿠데타 후 혁명군은 이정재를 비롯한 정치폭력배들을 잡아 '나는 깡패입니다'라는 팻말을 목에 걸고 거리를 행진하게 하였다. 이렇게 만인 앞에 세워 수치심을 주는 벌을 '조리돌림'이라고 했다.

17세기 서구에서도 죄인을 공공장소에 세워 **휴밀리에이션**(Humiliation 굴욕)을 주는 **퍼니쉬먼트**(Punishment 형벌)가 있었다. 죄인의 목에 큰 칼을 채워 사람의 왕래가 잦은 대로에 세우는데 이 칼을 목 칼(Pillory)이라 한다. 대개는 신체적 손상은 가하지 않고, 조금 **언컴퍼터블**(Uncomfortable 불편한)한 공개적 창피를 주는 명예형이었다. **필러리**(Pillory 목 칼)는 사람들의 왕래가 많은 대로변에서 행해졌는데 지나가는 사람들이 죄인에게 돌멩이, 썩은 야채, 죽은 쥐, 토끼 심지어 **피시즈**(Feces 배설물) 등을 얼굴에 던지기도 하였다.

한번은 **바운티**(Bounty 신고포상금)를 받기위해 아무 죄 없는 마을 사람 4명을 **폴스 애켜제이션**(False Accusation 무고誣告)하여 교수형을 받게 한 사람이 잡혔다. 그는 Pillory를 목에 찬 채 거리에 서게 되었다. 이 범인은 지나가는 행인들이 던진 짱돌과 도끼 등

109

THE PILLORY.

에 맞아 사망했다. 어떤 농민은 과도한 세금을 매기는 탐관오리에게 대들다 Pillory의 형을 당하게 되었는데 이때는 사람들이 던진 꽃에 파묻히게 되었다. 죄질에 따라 민중의 반응이 달랐던 것이다. 가벼운 **미스더미너**(Misdemeanor 경범죄)를 저지른 사람은 Pillory 대신에 나무 널빤지로 된 발에 차는 차꼬를 차고 길거리에 앉아 있었다.

엄한 재판관을 만나면 귀나 코가 **뮤털렛**(Mutilate 잘리다)된 채 고통속에 서 있어야 했다. 오늘날 잔인한 형벌은 사라졌지만 Pillory는 '여러 사람 앞에서 모욕을 주다'라는 의미로 쓰인다.

He Found Himself Pilloried By Members Of His Own Party
그는 자신의 당 당원으로부터 대중적 망신을 당했다.

인간의 신체를 '훼손하다'라는 단어에는 여러 가지가 있다. 수술목적으로 '팔다리를 자르는 것'은 Amputate(앰퓨테이트)라 하고 이렇게 '절단되어 장애인이 된 사람'은 Amputee(앰퓨티)라 부르는데, 전쟁에서 '두 다리를 모두 잃은 병사'는 Double Amputee(더블 앰퓨티)라 한다. '악의적으로 사지를 절단'하는 것은 Dismember(디스멤버)라 하고 '토막살인'을 Dismemberment Case(디스멤버먼트 케이스)라 부른다. 만약 살인범이 지문을 없

110

앨 목적으로 피해자의 손가락 첫마디를 모두 잘랐다면 이때는 Mutilate라는 단어를 쓴다. 피해자의 신원이 밝혀지는 것을 피하기 위해 얼굴을 난자했다면 Disfigure(디스피그어)라 한다. 위네 단어 모두 의미가 조금씩 다르다.

제일 마지막으로 죽다
Die-Hard

나이가 40이 넘은 사람이라면 브루스 윌리스가 주연한 〈다이
하드(Die Hard)〉라는 영화를 기억할 것이다. Die Hard(다이 하아
드)는 '끝까지 자신의 고집을 꺾지 않는', '좋아하는 일이면 온갖
위험도 마다 않는' 고집불통을 가리키는 형용사로 쓰이는데 자
신의 **빌리프**(Belief 믿음)를 끝까지 고수하는 사람, 특히 어떤 정
당에 **커밋먼트**(Commitment 헌신)하여 무슨 짓이던 하는 사람을
이르는 정치용어로도 많이 쓰인다.

이혼도 당하고 죽을 고비를 몇 번 씩 넘기고도 낚시에 미쳐 다
니는 꾼을 Diehard Angler(다이하아드 앵글러), 좋아하는 야구팀
이 매년 꼴찌를 해도 한 결 같이 그 팀을 응원하는 꼴통 팬을
Diehard Baseball Fan(다이하아드 베이스볼 팬)이라 한다.

Die Hard는 '죽기가 어렵다', '맨 마지막에 죽다'가 원뜻인데
이 말은 1811년 반도전쟁(Peninsula War)에서 영국의 **커맨더**
(Commander 지휘관)이었던 윌리엄 잉글리스(William Inglis)가 사
용하여 널리 쓰이게 되었다. 그는 자신이 지휘하는 57보병연
대(57th Regiment Of Foot)의 모든 병사(All Ranks)에게 돌격 명령
을 내릴 때 "Die Hard! The 57th, Die Hard!(57연대여, 죽을 때까

지 싸워라, 죽을 때 까지)"라 외쳤다. 죽을 각오로 공격하는 이 부대를 적들은 The Die Hards라 부르며 두려워했다.

18세기 영국에는 사형의 집행으로 교수형(Hanging)이 널리 행해졌다. **밴딧**(Bandit 산적), **머더러**(Murderer 살인자), **레이피스트**(Rapist 강간범) 등 흉악범들을 날을 잡아 한꺼번에 처형했는데 일반 시민들을 모아놓고 **퍼블릭 엑서큐션**(Public Execution 공개처형)을 했다. 사람들에게 무서운 장면을 보여 줌으로써 범죄를 예방하려는 목적이 있었다.

집행날짜가 정해지면 온 마을이 들뜨기 시작한다. 당시에는 **엔터테인먼트**(Entertainment 오락)가 없었기에 **스펙터클**(Spectacle 큰 구경거리)이 생기는 것이다. 중세 사람들이 특별히 잔인해서가 아니라 당시에는 죽음은 인생에서 늘 보아오는 일이었다. 아기는 다섯에 하나 꼴로 일 년을 살지 못하고 사망했고 전쟁이나 사고, 맹수에 의해 처참하게 죽은 시신을 늘 보고 살았다. 삶과 죽음이 공존하는 시절이었던 것이다.

교수형이 시작된 초기에는 **갤로우즈**(Gallows 교수대) 발판에 **트랩도어**(Trapdoor 뚜껑문)가 없었다. Trapdoor에 한 번에 빠져야 여러 명의 죄인들이 동시에 매달려 처형되는 것인데 이 Trapdoor는 나중에 발명되었다. Trapdoor는 천정이나 바닥에 낸 '조그만 문'을 가리킨다.

교수형의 집행관(Executioner)은 줄의 길이를 조절하면 죽는 시간을 3분 정도로 짧게 하기도 하고 길게 하여 최장 30분이 걸리는 고통스런 죽음이 되도록 만들 수 있었다. 교수형을 당하는 죄인은 누구나 빨리 죽기를 원했다. 돈이 있는 죄수는 줄을 짧게 해 빨리 죽여 달라고 집행관에게 뇌물을 주기도 했고, **스펙테이터**(Spectator 구경꾼)를 매수해 매달릴 때 발을 당겨 줄 것을 부탁하기도 했다.

집단처형이 공고되면 마을이 술렁이고 저녁이 되면 마을의 **태번**(Tavern 주점)에는 사람들이 모여 이야기꽃이 피기 시작한다. 그리고 도박판도 벌어졌는데 가장 나중에 죽는(Die Hard) 죄수를 맞히는 놀음이었다. 집행이 있는 날 발아래 Trapdoor가 빠지고 죄인들이 대롱대롱 매달리기 시작하면 관중들의 "와!" 하고 함성이 일어나고 가장 끝까지 발을 파드닥거리는 죄수에 돈을 거는 것이다.

'고집이 쎈', '포기를 모르는'이란 음울한 단어 Die Hard는 교수대(Gallows)의 풍경에서 나온 것이다. 문장에서 쓰임에 따라 Diehard라고도 하고 Die Hard로 띄우기도 한다.

카나리아처럼 노래하다
Snitches Get Stitches

이탈리아의 시칠리아 섬(Sicily Island)은 수 천 년에 걸쳐 외적의 침입과 수탈에 시달려 왔다. 그래서 이 섬의 남성들은 서로 비밀조직을 만들어 침략자들에게 대항했다. 그 저항의 역사가 이어져 억압받던 시칠리아의 남성들이 미국에 이민하여 만든 것이 이탈리아어로 '나는 남자다'라는 마피아(Mafia)로 **코우사 노스트러**(Cosa Nostra 그들만의 세계)가 생겨났다.

마피오우소우(Mafioso 마피아조직원)들이 목숨처럼 여기는 **크리드**(Creed 신조)는 입이 무거워야 하는 것이다. Creed는 종교의 신조, 사도신경을 말한다. 이것이 유명한 오메르타(Omerta)인데 **코우드 어브 사일런스**(Code Of Silence 침묵에 관한 법)로 불린다. 그들은 경찰에 붙어 같은 조직원을 밀고하거나 경쟁조직원이라 해도 밀고하는 자는 살 가치가 없는 최하의 인간으로 낙인찍었다. **스니치**(Snitch 밀고자)임이 밝혀지면 그에게는 반드시 죽음이라는 보복이 따랐다.

True Men Don't Blab The Way Women Do
진정한 남자는 계집처럼 나불대지 않는다.

앞의 글은 그들이 목숨같이 여기는 **고울던 룰**(Golden Rule 황금률)
이다. Blab(블래브)은 '밀고하다'로 Blabber(블래버)는 '나불대다'
로 Blah-Blah-Blah(블라 블라 블라)는 '어쩌고 저쩌고' 등등 조잘
거리는 모습의 의태어이다. 너무나 많이 쓰는 어구에 Snitches
Get Stitches(스니치즈 겟 스티치즈)가 있다. Stitch는 '바느질하다',
'수술시 봉합하다'의 뜻인데 밀고자(Snitch)는 반드시 입이 칼에
찢어지고 **스티치**(Stitch 꿰매다)한 수술을 받는다는 의미이다.
Snitch는 시궁창 쥐(Rat)로 불리기도 하는데 카나리아(Canary)라
고 하기도 한다. 고운 소리로 노래하는 예쁜 새 Canary(커네어
리)에 왜 이런 이름이 붙었는지 유래는 이렇다.

아브라함 릴리스(Abraham Reles)라는 아
이가 있었는데 또래보다 키가 작고 왜
소했다. 열등감때문인지 에이브(Abe)란
애칭으로 불리던 소년은 자라면서 잔인
하고 포악한 성격으로 변하더니 고교를
졸업하고는 마피아의 **힛 맨**(Hit Man 살인청부업자)이 되었다. 그의
살인수법은 긴 **아이스 픽**(Ice Pick 얼음송곳)을 가지고 다니다가 목
표물의 귀를 찔러 다른 귀로 Ice Pick의 끝이 나오도록 박아 넣
는 것이었다. 그는 미 범죄역사상 가장 뛰어난 암살자로 기록
되고 있다.
1941년 살인으로 체포된 그에게 FBI가 솔깃한 제안을 한다. 살
인을 지시한 마피아두목을 법정에서 **테스티파이**(Testify 증언)하
면 자유로운 몸이 되게 해 줄뿐 아니라 많은 돈을 주어 아무도

찾지 못하는 곳으로 숨겨주겠다는 제안이었다. Abe는 그 제안에 동의하고 비밀을 폭로하기를 마음먹는다.

최고급호텔의 최상층의 방에서 FBI의 삼엄한 경비 하에 취조를 받는 그는 어느 날 한 밤중에 소리 소문 없이 사라졌고 옥상에서 아스팔트에 떨어진 시체로 다음날 새벽 발견되었다. 그날 신문에 **헤들라인**(Headline 머리기사)에는 이런 글이 대문짝만하게 실렸다.

He Sang Like A Canary, But Couldn't Fly
그는 카나리아처럼 노래했다. 그러나 날지는 못했다.

그 뒤로 Canary는 '밀고자'란 뜻으로 Sing Like A Canary(싱 라익어 커네어리)하면 '조잘대며 꼬나 바치다'의 의미로 널리 쓰이게 되었다.

스위스의 유산
Swiss Guard

스위스하면 명품시계와 그림엽서에 나올듯한 아름다운 자연과 스위스만능나이프가 생각나고 **배티컨**(Vatican 교황청)을 지키는 스위스근위병(Swiss Guard)이 떠오른다.

중세에 자원이 없던 스위스는 남자로 자라면 군인이 되어 유럽 각 궁정의 **가아드**(Guard 경비병)가 되는 것이 유일한 선택이었다. 돈을 받고 전쟁을 하는 용병이 되는 것이다. 이런 스위스의 군인은 충성스럽고 용맹하기로 이름이 높았다. 1874년 외국의 용병으로 취업하는 것을 헌법으로 금지되었지만 교황의 경호원으로 파견되는 것만은 **이그젬프션**(Exemption 예외)으로 허가되었다.

세계에서 가장 작은 교황의 나라 바티칸시티(Vatican City)는 1506년 교황 율리우스2세 때부터 스위스 병들과 유럽 각지에서 온 용병들이 나라의 군대를 이루었다. 1527년 교황에 대한 반란인 로마의 약탈(Sack Of Rome)이 벌어지자 외국의 모든 병사들은 도망을 쳤지만 Swiss Guard(스위스 가아드) 만은 끝까지 저항하였다. 이 전쟁에서 총 189명의 Swiss Guard중 147명이 살해되었다. 그 후 500여 년에 걸쳐 교황청은 Swiss Guard만이 유일

한 군대이며 근위대로 인정되
어 오늘날에 이르게 되었다.

오늘날 Swiss Guard는 교황의
안전(Safety Of Holy Sea)을 책임

지는 보디가드, 사도궁전(Apostolic Palace)을 지키는 **판티퍼컬 아
아미**(Pontifical Army 교황의 군대) 역할을 한다. 또 노랗고 붉은 중세
의 화려한 복장과 갑옷으로 관광객을 끌어 모으는 **세러모우니
얼 유닛**(Ceremonial Unit 의장대)으로 유명하다. Swiss Guard는 세
계에서 가장 작지만 오래되고 서계에서 가장 많이 사진을 찍히
는 군대로 알려져 있다.

Swiss Guard로 발탁되려면 키가 약 174cm이상에 **싱걸**(Single 미
혼)이며 독실한 가톨릭신자(Catholic)이어야 지원이 가능하며, 최
종 선발되기 위해서는 스위스군대에서 엄격한 훈련을 통과해
야한다. 지금도 옛 복장을 하고 경호를 서지만 첨단 무기를 비
밀리에 소지하고 다닌다.

무거운 갑옷과 투구는 오늘날 3D프린터로 제작되어 무게는 옛
날의 4분의 1로 가볍고 더 튼튼해졌다. 가장 상징적인 무기는
긴 창에 도끼가 달린 미늘창으로 Halberd(핼버드)라 하는데, 독
일어로 **스태프**(Staff 지팡이)를 뜻하는 Halm과 **액스**(Axe 도끼)의 의
미인 Barte로 이루어진 **캄파운드**(Compound 합성어)이다.

교황은 Pope(포웁), Papa(파퍼), Pontiff(판티프), Holy Sea(호
울리 시), Holy Father(호울리 파더) 등으로 불리며 형용사형은
Pontifical(판티퍼컬)이다.

구경거리가 되었던 사람들
Freak Show

불행하게도 태어날 때부터 **디포어머티**(Deformity 기형)인 사람이 있다. 팔, 다리가 없거나 **마익로우세펄리**(Microcephaly 소두(小頭)증)이거나 쌍둥이인데 몸이 붙어 태어나는(Conjoined Twins) 경우이다. 옛 사람들은 이런 아기는 신의 저주를 받아 그렇게 되었다고 믿었고 **프릭**(Freak 흉물)이라고 불렀다. Freak은 기형이나 기형적인 동식물을 가리키는데 대개는 가족에 의해 버려지거나 죽음을 당하는 운명을 맞았다.

16세기 중반 영국 엘리자베스 1세 시절 이런 사람들을 모아 순회공연을 하는 극단이 생겨났다. 이들은 난장이나 거인, 병적으로 비만인 사람, 수염이 난 여자, 선천적으로 팔, 다리가 없는 사람을 모아 구경거리로 내세웠는데, 이 쇼를 Freak Show(프릭 쇼우)라 불렀다. **휴먼 라잇스**(Human Rights 인권)나 장애인에 대한 배려 같은 것은 없던 시절의 일이었다.

이들 중에는 정상인이지만 온몸에 문신을 하거나 피어싱(Piercing)을 한 사람도 있었고, 아프리카나 동남아에서 온 흑인들도 있었다. 입으로 불을 먹거나(Fire-Eating), 칼을 삼키는(Sword-Swallowing) 재주를 가진 극단원도 Freak Show의 멤버로

포함되었다. 사람들은 이 쇼를 보
기 위해 몰려들었고 즐거워했다.

Freak Show는 19세기에서 20세
기 중반에 걸쳐 인기의 절정에(At
The Height Of Popularity) 이르렀다. 이들은 **바드빌**(Vaudeville 악극
단), **어뮤즈먼트 파아크**(Amusement Park 놀이공원) 그리고 서커스의
사이드쇼우(Sideshow 막간공연)에서 **엑서비션**(Exhibition 전시)되었고
관객들을 끄는 역할을 했다. Vaudeville은 노래와 춤 그리고 코
미디를 함께하는 유랑극단을 말한다.

Freak Show는 20세기 후반에 들어 양식있는 사람들의 중심으
로 그 야만성이 비난받기 시작하여 점점 사라졌고 현대에 들어
Freak은 '~에 병적으로 집착하는 광', '기묘한 일, 사건', '싫은 사
람' 등을 나타내는 말이 되었다.

Fitness Freak(핏너스 프릭)은 건강이나 다이어트에 '광적으로 매
달리는 사람'을 Control Freak(컨트로울 프릭)은 사사건건 남을
'통제하려는 사람'을 가리킨다. 친구들끼리 You, Freak!(유, 프릭)
이라 하면 농담으로 '징그런 놈'정도의 어감이 된다. 또 동사로
Freak Out(프릭 아웃)은 '기겁하다', '깜짝 놀라다'의 뜻으로 자주
쓰이고 있다.

The First Time I Went Onstage, I Freaked Out Completely
처음 무대에 섰을 때 나는 기겁해 죽는 줄 알았다.

모두에게 버림받은 사람

Pariah

인도의 **힌주이점**(Hinduism 힌두교)에서는 태초에 파괴의 신 시바 (Shiva)가 사람들을 4종류의 계급으로 나누어 창조했다고 믿는 다. 성직자들인 브라만(Brahman)과 무사에 해당하는 크샤트리 아(Kshatriya), 평민인 바이샤(Vaisya), 천민인 수드라(Sudra)를 각 각 만들어냈다. 차례대로 인간의 입, 팔, 허벅지 그리고 발을 상 징하며 이것이 현대까지 3,500년에 걸쳐 이어오고 있는 인도의 **캐스트 시스템**(Cast System 카스트제도)이다.

사성제도라 불리는 Cast System에 따르면 모든 인간은 태어날 때부터 계급과 **아켜페이션**(Occupation 직업)이 정해져 있고 그 계 급을 뛰어넘어서 살수 없다. 노예로 태어나면 자기의 운명에 순종하여 주인을 섬기는 일에 최선을 다하고, 살다 죽으면 후 세에 높은 카스트로 환생한다고 믿는다. 1947년 법적으로 금 지되었지만 이 억압적인 제도는 인도인의 **사이키**(Psyche 정신)에 깊이 새겨져있다.

그런데 이 4계급에도 속하지 못하는 5번째의 계급이 존재했는 데 여기에 속하는 인간은 쳐다보기만 해도 눈이 **컨태머네이터 드**(Contaminated 더러워지다)되고 생각만 해도 머리를 혼란시키며

만지면 부정을 탄다고 믿어졌다. 이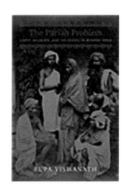
들이 **언터처벌**(Untouchable 불가촉천
민)으로, 달리트(Dalit) 혹은 하리잔이
라 불리우는데 인도인구의 약 17%
가 여기에 해당한다.

이들은 무덤을 파거나 도축업에 종
사하며 마을의 빨래를 하는 하층민
으로 인간으로 대접받지 못했다. 일을 해도 임금을 돈으로 받
지 못하며 먹다 남은 음식을 받고 생활하였다. 결혼도 그들끼
리 동족 내에서 이루어져 신분이 고정되었다. 마을에 들어가지
도 못하며 동네 우물에서 물을 마시다 들키면 돌에 맞아 죽임
을 당해도 아무 말도 할 수 없는 비참한 삶을 산다.

Cast System이 무너진 70여 년이 지난 지금에도 이런 **엇라서티
즈**(Atrocities 가혹행위)는 계속 이어지고 있다. 이 계급 중에 북을
치며 생활하는 Dalit(딜릿)이 있는데 이들을 Pariah(퍼라이어)라
고 한다. 이들은 사원의 축제, 전쟁의 승리의식, 농사의 시작 등
상서로운 일(Auspicious Occasions)이나 **퓨너럴**(Funeral 장례식)같은
데서 북만 치는 일을 한다.

시바가 인간을 만들 때 북을 쳐 종류대로 계급을 만들었다. 이
북을 타밀어로 Parai라고 했다. 따라서 파리아들은 시바의 자손
인 것이다. 그런데 이 Pariah가 영어에 들어와 '사회에서 버림
받은 사람', '떠돌이', '천대받는 인간'의 뜻으로 쓰이게 되었다.
Pariah를 다른 말로 Outcast(아웃캐스트)라고도 부른다.

I'm An Outcast, Whether You Like It Or Not, There's Nothing I
Can Do For You Socially, So Why Do You Keep Supporting Me
니가 어찌 생각하던, 나는 사회에서 버린 놈이야, 내가 너를 위
해 할 수 있는 건 아무것도 없거든, 그런데 왜 너는 나를 계속
도와주는 거니?

외신에서 북한을 국제사회의 **퍼라이어 스테이트**(Pariah State 버림
받은 국가)라고 부르는 것을 종종 본다. 주인에게 버림받고 떠도
는 개는 Pariah Dog(퍼라이어 도그)라 부른다.

Because Of Its Poor Human Rights Record, The Country Was
Treated As A Pariah By The Nations
열악한 인권문제 때문에, 그 나라는 다른 국가로부터 버림받은
국가로 불리운다.

나쁜 공기가 돌아다닌다
Malaria

우리말로 학질이라 불리는 말라 리아(Malaria)는 매년 2~3억 명이 감염되고 수백 만 명이 사망하는 무서운 **인펙셔스 디지즈**(Infectious  Disease 전염병)이다. **피버**(Fever 고열), **타여드니스**(Tiredness 무기력), **헤데익**(Headache 두통)으로 시작하여 심하게 되면 피부가 노래지 며 **시저**(Seizure 발작)가 일어나고, **코우머토우스**(Comatose 혼수상 태)에 빠져 사망에 이른다.

Malaria(멀레어리어)하면 검은 대륙, 아프리카가 떠오르지만 어 원은 고대 이탈리아에서 왔다. 당시 사람들은 이 병이 로마 주 위의 **마아슐랜드**(Marshland 습지)에서 나쁜 공기가 발생하여 사람 의 호흡기로 침입해 발생한다고 믿었다.

라틴어로 Mal은 '나쁜', '불쾌한'의 뜻이고 Aria는 '공기'를 의미했 다. Malpractice(맬프랙터스)는 '의료사고', Malfeasance(맬피전스) 는 '공직자들의 부정행위'. Malice(맬러스)는 '악의', Malicious(멀 리셔스)는 '심술궂은', Malignant(멀리그넌트)는 '악의에 찬'의 뜻이 다. Malaise(맬레이즈)란 낱말은 몸이 아플 전조로 찾아오는 '으스스함', '나쁜 예감'을 말한다.

다양한 단어는 어떤 공통된 **룻스**(Roots 어근), 즉 뿌리에서 나와 나무의 몸통이 되고 가지가 되며 수없는 나뭇잎이 되는 것과 마찬가지 이치로 만들어진다. 어근(語根)은 언어라는 큰 빌딩을 조립하는 벽돌(Building Block)이다. 어근에 대한 이해가 없이는 한 언어를 마스터하기는 불가능한 것이다.

의학이 발달하고 나서 Malaria는 **머스키토우**(Mosquito 모기)에 의해 전염된다는 것이 밝혀졌다. 병이 모기가 매개가 되어 일어나는 것을 Mosquito-Borne(머스키토우 본)이라 하고 공기로 전파되는 것을 Air-Borne(에어 본), 물에 의해 발생되는 수인성(水因性)을 Water-Borne(워터 본), 진드기가 매개가 되어 일어나는 병은 Tick-Borne(틱 본)이라고 한다.

40일간의 구류
Quarantine

조선시대 역적모의를 하여 왕권을 찬탈하려 하는 **트리전**(Treason 반역) 은 용서하지 못 할 범죄였다. 역적들 (Traitors)은 삼족을 멸하고 주모자들

은 능지처참에 처해졌다. 모든 백성들에게 대역죄인의 말로가 어떠하다는 것을 똑똑히 보여주는 것이다. 죄인의 사지에 밧줄 을 묶어 네 마리의 소로 끌게 하여 사지를 찢어 죽이는 벌이 능 지처참이다. 중세의 유럽에서도 마찬가지였는데 형벌이 조선 의 그것보다 더 많이 잔인했다. 영어로 **쿼터**(Quarter 능지처참)라 고 한다.

스페인어에서 일, 이, 삼, 사는 우노(Uno), 도스(Dos), 뜨레스 (Tres), 꾸아뜨로(Cuatro). 이런 식으로 나가는데 여기서 4가 Cuatro임을 알 수 있다. 이 Cuatro가 나중에 Quartro(쿼트로우) 로 바뀌는데 Quarter는 영어에도 그대로 들어가게 되어 '실내악 4중주'를 콰르텟(Quartet)이라 하는 데서 잘 나타난다.

네쌍둥이는 Quadruplets(콰드루펄트스)라 하고 수식에서 1/4 을 A Quarter(어 쿼터), 3/4은 Three Quarters(쓰리 쿼터즈)

라 한다. 군대는 예로부터 병참, 무기, 훈련, 군량 등 4개의 (Quarter) 주요부서로 이루어져 운영되어 왔는데 본부나 본사를 Headquarters(헤드쿼터즈)라 하는 것도 여기서 나왔다.

14세기 이탈리아의 베니스(Venice)는 전 유럽의 상선들이 들고 나는 상업의 중심이었다. 당시에 흑사병(Black Death)이라는 역병(Plague)이 퍼져 유럽을 휩쓸고 전 유럽인구의 30%가 죽어나갔다.

베니스인들(Venetian)은 항구에 입항하는 외국의 모든 선박은 육지에서 멀리 떨어진 바다위에 닻을 내리고 정박하여 30일간은 **쇼어 리브**(Shore Leave 상륙허가)를 내 주지 않았다. 그 사이 선원들이 병이 나는지 관찰하기 위해서였다. 이 30일간의 억류를 Trentine(트렌티니)라 불렀는데 그 기간이 40일(Forty Days)로 연장되었다. 40일간 선원들은 바다에 떠 있어야 했고 그 기간이 지나 아무 건강에 이상이 없어야 입항이 허가되었다. 이것을 이태리어로 Quarantine Giorni라 했는데 Forty Days(포어티 데이즈)의 뜻이었다.

현대에 들어 공항이나 항만, 국경에서 여행객이 반입하는 동물, 식물, 음식물에 대해 그것이 안전한지 통관의 검사를 하는 것을 **쿼런틴**(Quarantine 검역)이라 하는데 Quarantine은 베네치아 사람들이 행한 관습(Practice)에서 온 단어이다.

도시를 부수는 폭탄
Blockbuster

블록버스터(Blockbuster)는 책이나
음악, 영화가 크게 히트하여 흥행
몰이를 하는 경우에 쓰는 말인데,
특히 엄청난 제작비를 들여 제작하

여 극장가를 휩쓰는 영화를 가리킬 때 주로 쓴다.

2차 세계대전 때 무게가 4,000파운드(4,000 Lbs)에 달하는 거
대한 **밤**(Bomb 폭탄)이 개발되었는데 그 폭탄은 도시의 한 **블락**
(Block 구역)을 날려버릴 만한 가공할 위력을 가지고 있고, 약
1,800kg에 해당하는 어마어마한 크기였다. 1942년 타임지 9월
29일자에 이 Bomb을 소개하는 기사가 실려 Blockbuster(블락
버스터)라는 이름을 붙였다.

Block은 도시를 도로로 나눈 한 구획을 말한다. New Kid On
The Block(누 키드 안 더 블락)은 '옆집에 새로 이사 온 아이'가 원
뜻이지만 '기존업계에 새로 진입한 기업'을 지칭하는 낱말이 되
었다.

I'm Just A New Kid On The Block, I've Only Been Working

Here For A Month

난 단지 이 업계에 새로 합류한 신인이야, 여기서 일한지 겨우
한 달 되었거든.

전쟁이 끝나고 Blockbuster는 부동산업계의 **텀**(Term 용어)으로
사용되게 되었다. 한 **릴 에스테이트 에이전트**(Real Estate Agent 부
동산중개인)가 백인만 거주하는 고급주거단지의 한집을 **마이노
러티 패멀리**(Minority Family 소수인종가족)에게 어렵게 매매를 성사
시키는 것을 Blockbuster라고 부르게 되었다.

Minority Family란 주로 '흑인가정'을 말하는데 흑인이 들어와
동네의 품격이 손상될까, 너도나도 집을 팔았기 때문에 주택가
격은 **버스티드**(Busted 폭락)하고 흑인들이 결국 마을을 차지하게
된다.

백인들이 **칸서퀀틀리**(Consequently 결과적으로)하게 자신의 집들을
매물로 내놓고(Put Up Their Houses For Sales) 동네를 떠나려고 하
는 현상을 Blockbuster라고 하게 되었다. Bust(버스트)에는 '폭
파하다'의 뜻 외에 '망하다', '쫄딱 망하다'의 의미도 있기 때문이
다. 말 그대로 마을의 한 구역(Block)을 Bust하는 현상이 나타나
게 된 것이다.

남의 눈을 딴 데로 돌리게 하는 것
Red Herring

아프리카 북부에서 스페인, 프랑스를 걸쳐 영국에 이르기까지 **노어쓰 엇랜틱 오우션**(North Atlantic Ocean 북대서양)에서는 **헤링**(Herring 청어)이 풍부하게 잡혔다. 사람들은 이 생선을 모닥불위에서 연기에 쬐어 말려 식량으로 대량으로 보관했는데 이것을 키퍼(Kippers)라고 했다. 또 **스모욱트 헤링즈**(Smoked Herrings 훈제청어)는 연기를 쬐는 과정에서 생선의 살이 붉게 변했기에 붉은 청어(Red Herrings)라는 이름으로도 불렸다. 이 비상음식은 그 **센트**(Scent 냄새)가 강렬했다.

18세기 영국에서는 귀족들(Aristocrats)사이에 여우사냥이 대단히 인기를 끌었는데 사냥개를 훈련시킬 때 여우가 다니는 한쪽 **트레일**(Trail 산길)로는 죽은 고양이, 죽은 여우를 줄에 매어 끌고 다녔다. 엉뚱한 길에는 Red Herrings(레드 헤링즈)의 살점을 군데군데 뿌려놓아 사냥개가 이 강렬한 냄새에 속지 않고 여우만 다니는 길(Trail)을 찾도록 훈련시켰다. Trail은 '자국', '자취'의 의미로 산길에 오래 밟아 생긴 '오솔길'도 Trail이라 한다.

퓨저티브(Fugitive 도주자)를 추격할 때는 후각이 고도로 발달한 **블러드하운즈**(Bloodhounds 추적견)가 사용되었는데 감옥에서 탈

옥한 죄수들은 미리 Red Herrings을 품에 숨기고 산속으로 들어가 여러 길의 나무에 Red Herring을 비벼 냄새가 배게 하고, 정작 자신은 Red Herrings을 버리고 개울을 건너 달아났다. **원티드**(Wanted 지명수배)된 산적들(Bandits)도 자신의 도주경로를 숨기는데 Red Herring을 이용하여 개들을 따돌렸다.

또한 신대륙 New England(누 잉글런드)에 자리잡은 초기 이주자(Settler)들에게 가장 두려운 것은 무리지어 다니는 늑대의 무리(Wolf Pack)였다. 이 늑대들을 혼란시키기 위해 Red Herring을 항상 소지하고 다녔는데 맹수들을 **다이버트**(Divert 따돌리다)하는데 사용되었다.

오늘날에 와서 Red Herring란 '집중을 방해하는 것(Distraction)', '주제에서 벗어나 혼란을 주는 것'이란 의미가 되어 널리 쓰이게 되었는데 **아아겨멘테이션**(Argumentation 논증)이나 **라직**(Logic 논리)에서 주제가 벗어나게 하려는 것을 가리키게 되었다.

The Police Investigated Many Clues, But They Were All Red Herrings

경찰은 많은 단서들을 수사하였지만, 그것들은 모두 혼선만 주는 것이었다.

또 신발의 바닥무늬, 벽지, 욕실의 타일
같은 데서 보는 물결모양의 문양을 청어
의 가시뼈와 닮았다고 해서 Herringbone
Pattern^(헤링보운 패턴)이라는 표현도 자주
쓴다.

토끼를 삶는 여자

Bunny Boiler

영어사전에는 안 나오지만 자주 쓰는 단어가 있는데 **버니 보일러**(Bunny Boiler 토끼를 삶는 사람)가 그것이다. 남자에게 병적으로 집착하여 그 남자를 차지하기 위해 무슨 짓도 마지않는 여자를 가리키는 말인데, 1987년 제작되어 공전의 히트를 기록한 할리우드의 스릴러 〈Fatal Attraction〉에서 유래가 되었다. '토끼'를 나타내는 단어는 Rabbit(래빗), Bunny(버니), Hare(헤어)가 있는데 모두 영어를 배우자마자 나오는 기초적인 낱말이다.

영화는 이듬해 우리나라에서 〈위험한 정사〉라는 제목으로 개봉되어 대히트를 기록하는데 Fatal Attraction(페이털 엇랙션)의 원 의미는 '치명적인 매력'이다.

영화에서 댄 갤러거(Dan Gallagher)는 모든 것을 다 가진 남자이다. 뉴욕의 거대 **로 펌**(Law Firm 법률회사)의 잘 나가는 변호사이며 젊고 잘 생기기까지 했다. 최고의 연봉, 아름다운 아내, 뉴욕의 **서버브**(Suburb 외곽)에 수풀이 우거진 상류사회에 위치한 고급주택 그리고 무엇보다도 세상 무엇을 주어도 바꿀 수 없는 사랑스런 6살 딸 엘렌(Ellen) 등 Dan(댄)은 부러울 게 없는 사람이었다.

어느 날 주말을 맞아 아내는 딸
을 데리고 친정에 다니러가고,
그는 Law Firm의 고객이었던
출판사의 사람들과 회식자리에

서 어울리게 되었다. 약간은 쓸쓸한 밤이었고 그곳에서 매혹적
인 여성편집자(Female Editor)인 알렉산드라 포리스트(Alexandra
Forest)를 만난다. 여성 이름인 Alexandra(앨레그잰드러)는 친한
이들끼리는 줄여서 Alex(앨릭스)라고 부르기도 하는데, 이런 것
을 **펫 네임**(Pet Name 애칭)이라 한다.

화려한 도시의 빌딩숲 최고층의 바에서 밤이 깊어갔다. 37세인
Alex는 고혹적인 커리어 우먼(Career Woman)으로 둘은 서로에
게 끌리게 되고 집으로 돌아가는 복도의 끝 엘리베이터 안에서
누가 먼저라고 할 수 없이 둘은 거친 포옹과 함께 깊은 키스를
나눈다. 그리고 뜨거운 밤을 보내게 된다.

그것은 **퍼비던 프룻**(Forbidden Fruit 금단의 열매)의 달콤한 **시덕션**
(Seduction 유혹)이었다. Dan에 있어서 그 하룻밤은 스쳐가는 **플**
링(Fling 바람)이었고 **원 나이트 스탠드**(One Night Stand 하룻밤 상대)
에 불과했다. 이런 '유혹하는 매력녀'는 Seductress(시덕트러스)
라 한다.

다음날부터 Alex는 그에게 계속 전화를 걸어오고 Dan은 만남
을 거부한다. 억지로 만나면 남자 앞에서 **레이저**(Razor 면도칼)로
손목을 그어 자해소동을 벌이기도 하고, 임신을 했다고 하면서
Dan이 계속 자신을 거부하면 혼자라도 애를 낳아 키우겠다고

고집한다. 가정을 지키고 싶었던 Dan은 계속 차디차게 그녀를 대한다. 급기야 그는 집을 부동산에 내놓고 이사를 계획하는데 구매자로 가장한 Alex는 결국 집으로까지 찾아온다.

그러던 어느 날, 딸 Ellen(엘런)이 하교시간 사라지는데 사실은 Alex가 자신이 엄마의 친구라며 유괴한(Abduct) 것이었다. 아내인 베스(Beth)가 미칠 지경이 되어 딸을 찾아 헤매는 동안 Alex는 Ellen과 놀이공원(Amusement Park)에서 **라이즈**(Rides 놀이기구)를 타면서 즐기고 있었다. 이 사건으로 둘의 **어페어**(Affair 정사)를 아내가 알게 되고 이혼을 요구하며 그의 곁을 떠나가겠다고 말한다.

한편, **탐보이**(Tomboy 선머슴) 같은 Ellen은 집 뒷터에 **펫**(Pet 애완동물)으로 **버니**(Bunny 토끼)를 키우며 애지중지하고 있었다. 어느 한가한 오후, Ellen의 울음소리가 적막을 깨고 있었다. Bunny가 감쪽같이 사라진 것이다. 여기저기 찾아 헤매다 **아머너스**(Ominous 불길한)한 예감을 가지고 집안에 들어오고 무거운 적막이 흐르고 멈춘 시간사이로 부엌으로 들어서는 순간, Beth는 소스라치게 놀라게 된다.

토끼가 살아있는 상태에서 목이 베인 채 피는 번져있었고, 냄비에서 자글자글 끓고 있었다. Bunny Boiler란 신조어는 이 끔찍한 장면에서 만들어졌다.

사람과의 관계에서 가장 잔인한 것은 사랑이 식어 **인디퍼런스**(Indifference 무관심)하게 변하는 것이다. 그러나 사랑이 변질되어 **어브세션**(Obsession 집착)하게 바뀌는 것도 그 만큼이나 무섭다. 이렇게 Obsession은 상대를 불행하게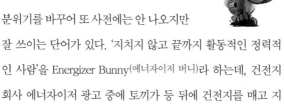
만들고 자신까지 파멸의 구렁텅이로 몰고
간다.

분위기를 바꾸어 또 사전에는 안 나오지만
잘 쓰이는 단어가 있다. '지치지 않고 끝까지 활동적인 정력적
인 사람'을 Energizer Bunny(에너자이저 버니)라 하는데, 건전지
회사 에너자이저 광고 중에 토끼가 등 뒤에 건전지를 매고 지
치지 않고 뛰어다니는 그 광고에서 나온 단어다.

공장에서 생긴 사건

Throw A Wrench

인더스트리얼 레벌루션(Industrial Revolution 산업혁명)은 영국에서 1760년경에 시작되어 약 60년 간 진행되었는데 **텍스타일 인더스트리**(Textile Industry 섬유산업)에서 먼저 시작되었다. 당시에 네드 루드(Ned Ludd)라는 **위버**(Weaver 방직공)인 **업렌터스**(Apprentice 견습생)가 있었다. 그는 기계화가 노동자의 일자리를 **리플레이스**(Replace 대체하다) 할 것이라 생각했고 힘들게 익힌 기술을 무용지물이 되게 만들거라는(Go To Waste) 공포심을 가지게 된다. 결국 Ludd(러드)는 양말편물기(Stocking Frame)를 부수어 못쓰게 만들어버린다.

노동자들이 기계에 몰려 일자리를 잃자, 1811년을 기점으로 노팅엄(Nottingham)에서 시작되어 수년에 걸쳐 기계화배척을 주장하는 운동이 일어났다. 공장주들은 경찰을 동원하여 시위자에게 발포를 했고, 나중에 **밀러테어리 포어스**(Military Force 군 병력)이 동원돼 진압되었다. 과정에 수많은 노동자들의 희생이 따랐다.

오늘날 기계화, 자동화에 무작정 반대하는 주장을 **러다이트 무
브먼트**(Luddite Movement 러다이트 운동)라 하고 '신기술반대주의
자'를 Luddite(러다이트)라 하게 되었다.

그들 노동자들은 생산현장에서 돌아가는 기계에 일부러 렌
치(Wrench)를 떨어뜨리거나 **쓰로우**(Throw 던지다)해 기계를 막
히게 하거나, 모래를 뿌려 못쓰게 만들기도 했다. 여기에서
Throw A Wrench(쓰로우 어 렌치)라는 어구가 나왔는데 어떤 '일
의 진행을 방해하다'의 의미로 자주 쓰이고, Throw A Monkey
Wrench(쓰로우 어 멍키 렌치)라 하기도 한다. 영국에서 Wrench
를 스패너(Spanner)라 하기에 Throw A Spanner(쓰로우 어 스패너)
도 같은 뜻이 된다. 또한 Throw A Wrench In The Works(쓰로
우 어 렌치 인 더 웍스)나 Throw A Wench Into The Works(쓰로우
어 웬치 인투 더 웍스)와 같이 쓰기도 한다. Work(웍)은 '직장', '일
터'의 뜻이다.

North Korea Threw An Unexpected Giant Monkey Wrench
Into The Planned Summit By Raising All Sorts Of Petty
Objections
북한은 온갖 사소한 반대를 제기함으로써, 예정된 정상회담에
예상치 못한 심대한 제동을 걸었다.

다가 올 불행에 대한 경고
A Canary In The Coal Mine

오바마행정부의 2기 국무장관(Secretary Of State)이었던 존 케리(John Kerry)는 기후협약연설에서 현재 진행되는 **클라이멋 체인지**(Climate Change 기상이변)가 앞으로 다가오는 대재앙(Catastrophe)의 전조라하면서, A Canary In The Coal Mine(어 커네어리 인 더 코울 마인)라는 표현을 썼는데 '석탄광산의 카나리아라'는 뜻이다.

1900년도 초까지 **코울 마인**(Coal Mine 석탄탄광)에는 **포이저너스 개스**(Poisonous Gas 유독가스)를 탐지할 수 있는 **인더케이터**(Indicator 계측기)가 존재하지 않았을 뿐 아니라, 또 작업환경도 열악하여 **벤틸레이션**(Ventilation 환기장치)도 충분치 않았다. 특히 영국은 산업혁명으로 **마이닝 인더스트리**(Mining Industry 광산산업)가 성행했는데 작업 중 **카아번 머낙사이드**(Carbon Monoxide 일산화탄소) 중독으로 목숨을 잃는 광부가 많았다.

영국의 광부들은 **섀프트**(Shaft 갱도)에 들어갈 때 새장에 든 카나리아를 들고 들어갔다. 이 작은 새는 **탁**

식 개스(Toxic Gas 유독가스)에 민감했고 날개 짓을 하는데 충분한 산소가 필요했기에, 카나리아가 쓰러져 죽으면 이상이 생긴 것으로 알고 급히 대피하였다.

Canary In Coal Mine(커네어리 인 코울 마인) 혹은 Canary In Mine Shaft(커네어리 인 마인 섀프트)란 '불행한 사건의 경고'의 의미로 쓰이게 되었다. Shaft(섀프트)란 단어는 엘리베이터 같은 것이 다니는 '수직갱도'를 말한다.

계측기계가 발달한 요즘도 아파트 옥상의 물탱크에서, 유조선의 대형탱크에서, 밀폐된 작업공간에서 작업 중 사망하는 경우를 자주 본다. 산소결핍이나 가스중독의 경우에 희생자들은 헐루서네이션(Hallucination 환각)을 보며 황홀하게 사망에 이른다(Swoon To Death)고 한다.

Unaware That He Had Been Given The Test Drug, John Was Used As A Canary In A Coal Mine To See Its Effects On The Human Mind

실험약이 주어진 것을 존은 몰랐는데, 사실은 인간의 마음에 미치는 효과를 보기 위해 그는 광산의 카나리아로 사용된 것이다.

사선에 서다

Meet A Deadline

19세기 중반 미 남북전쟁(America Civil War) 시절 노예해방에 반대하는 남부 연합군(Confederate Army)의 조지아 주 앤더슨빌(Andersonville, Georgia)에 있는 **프리전 캠프**(Prison Camp 포로수용소)는 지옥 같은 곳이었다.

이곳에선 감옥의 벽을 기점으로 20피트 떨어진 곳에 선을 그어놓고 누구든 이 선에 다가서거나 넘어갈 시도를 하면 망루에 선 **프리전 가아즈**(Prison Guards 교도관)에게 총을 쏘아 사살하라는 지시가 내려졌다. 여기서 '넘어가면 죽는 선'이란 뜻의 Deadline(데들라인)이란 용어가 생겨났다.

잔인한 교도관들은 짜증나는 일이 있거나 무료하면 아무나 골라 **앳 윌**(At Will 멋대로)로 사살하고 그가 Deadline을 넘으려 했다고 **익스큐스**(Excuse 변명)을 했다. 이런 잔악행위(Atrocities)는 거의 **안 어 데일리 베이서스**(On A Daily Basis 일상적)하게 행해졌다. 그 후 1,2차 대전을 통해 모든 Prison Camp에서 이와 유사한 죽음의 선이 그어졌다.

현대에 들어서 Deadline은 '넘어서는 안 될 어떤 한계(Any Limit That Shouldn't Be Crossed)', '규정되어 지켜야 할 시간(Stipulated Time)'을 의미하게 되었다.

뒤에 **프린팅 인더스트리**(Printing Industry 인쇄업)에서 마감시간을 뜻하는 **터미날러지**(Terminology 전문 용어)로 Deadline이 사용되었고 특히 신문, 언론에서 마감시간을 가리키는 **자아건**(Jargon 특수용어)으로 정착되었다. 또한 **처치 미니스트리즈**(Church Ministries 성직자)가 되기 위한 나이의 제한에도 쓰이게 되었다. 당시의 사제는 50세가 정년이었다.

친구보다 가까이 해야 하는
Keep Your Enemies Closer

역사를 보면 왕국이나 제국의 **다운폴**(Downfall 몰락)은 외부에서 오는 것이 아니라 내부에서 시작되었다. 제왕의 주위에는 자칭 충신이라는 자들과 친구라 자처하는 자들이 모여든다. 그들은 절대자에게 듣기 좋은 말만 하며 듣기 싫은 충언은 하지 않는다. 외부의 위협을 보려하지 않고 오만에 빠져 스스로 무너지는 것이다. 생선은 **인테스턴**(Intestine 내장)에서부터 부패가 시작되어 머리부터 썩어 들어가는 것이다.

1974년 개봉된 마리오 푸조의 원작을 **애덥테이션**(Adaptation 각색)한 영화 〈대부2(God Father 2)〉에서 마피아의 두목 돈 콜리오니(Don Coleone)는 부하에게 "나의 아버지는 이 방에서 나에게 말했다"라고 이야기를 시작한다.

Keep Your Friends Closer, But Your Enemies Closer
친구를 가까이 두되, 너의 적을 더 가까이 두어라.

이 대사는 **맥섬**(Maxim 금언)이 되어 사람들의 입에 회자하게 되었다.

사람이 지위가 높아지면 주위에
는 자신에게 감언만 속삭이는
측근들이 모여 든다. 그러나 나
를 적대하는 자들은 나의 **윅너스**
(Weakness 약점)**와 디펙트**(Defect 결점)**를 끝없이 지적하여 나를 경
각시킨다. 그런데 이런 소리는 듣기에 쓰다.

대부분의 지도자, 권력자들이 이 함정에 빠져 자신을 망치고,
조직과 나라를 망치어 부하들과 국민들을 도탄에 밀어 넣는다.
전략가 손무(Sun Tzu)는 『손자병법(The Art Of War)』에서 적을 알
면 백전백승이라 했고, 마키아벨리(Niccolo Machiavelli)는 아첨에
빠지는 무능한 군주는 폭군보다 못하다라고 했다. 누구나 이런
이치를 들으면 옳다고 느끼지만 진정으로 실천하는 이는 극히
드물다. 실천하지 않는 지식은 나와 주위에 깊은 **함**(Harm 해악)
을 끼친다.

겨울철새가 날라다 준 단어

Sniper

그들은 긴 시간 몸을 **컨실**(Conceal 숨기다)하고, 먼 **디스턴스**(Distance 거리)에서 소총(Rifle)의 총신에 달린 **텔러스코웁**(Telescope 망원경)을 주시한다. 렌즈의 가로세로의 **크로스 헤어즈**(Cross Hairs 십자선)에 목표가 들어오면 단 한발의 **불렛**(Bullet 탄환)을 쏘아 적을 쓰러뜨린다. **킨**(Keen 날카로운)한 감각을 지닌 **스나이퍼**(Sniper 저격수)의 모습이다.

18세기 인도에 주둔한 영국장교들(British Officers)은 들판에 나가 새를 쏘며 사격연습을 했다. 그 중에 **스나입**(Snipe 도요새)은 작고 빠르게 요리조리(Crisscross) 날아 다녀 눈으로 따라잡기에도 힘든 새였다.

Snipe은 몸집이 작고 부리가 길며 **마털드 플루머지**(Mottled Plumage 알록달록한 깃털)를 가진 사냥감 **버드**(Bird 새)였는데 Snipe

을 쏘아 떨어뜨리는 것은 명사수로 인정받는 길이었다. '명사수'를 Sharpshooter(샤아프슈터) 혹은 Marksman(마아크스먼)이라 하는데 Snipe을 쏘아 떨어뜨리는 초특급사

수를 스나이퍼(Sniper)라 불렀다.

1차 대전에서 독일군은 특수 훈련한 Snipers를 전투에 투입했다. 고도의 사격능력을 가진 소수정예로 정밀 타격하는 이들은 전투의 양상(Warfare)을 바꾸어 놓았다. 이러자 다른 나라에서도 앞 다투어 우수한 Snipers의 양성에 나서게 되었다.

현대는 소총의 성능도 향상되고 고성능 확대렌즈(Higher-Magnification Optics)도 개발되었다. 지금까지 가장 원거리에서 적을 사살한 기록은 이라크에 파견된 캐나다 특수부대요원(Canadian Special Forces Operator)이 세운 3,450미터로 알려져 있다.

이나큐어스(Innocuous 무해한)한 새가 영어의 **렉시칸**(Lexicon 어휘집)에 새로운 단어를 물어다 주었다.

무쇠로 만든 사람

Michael Malloy

1900년대 초반에 아일랜드계(Irish) 이민자 중에 마이클 말로 이(Michael Malloy)라는 남자가 있었는데 애칭으로 마이크(Mike)라고 불리었다. 뉴욕에서 **파여 파이터**(Fire Fighter 소방관)로 근무했는데, 사람은 좋았지만 술을 너무 좋아한 알코올중독자(Alcoholic)였다.

그는 결국 직장을 잃었고 가족들도 다 그의 곁을 떠나고 나이가 들어 **호움러스**(Homeless 노숙자)로 전락했다. 노숙을 하며 누군가의 부탁으로 골목을 쓸거나 **초어즈**(Chores 잡일)를 해주고, 돈보단 술을 주면 좋아했다. 당시는 **프로우어비션**(Prohibition 금주령)이 시행되던 시기였지만 그는 늘 취해있었다. 밤이 되면 뒷골목의 **스피키지**(Speakeasy 밀주집) 뒤에 쌓인 병속에 남은 술을 마시고 길에서 잠을 잤다.

1932년 토니 마리노(Tony Marino)라는 남자는 뉴욕 브롱크스(Bronx, New York)의 뒷골목에서 마리노(Marino's)라는 Speakeasy를 운영하고 있었다. Mike(마익)은 그의 가게 주위에서 노숙을 했기에 Marino(머리노우)는 그를 알고 있었다. 그의 **페잇런**(Patron 단골)이었던 남자 중에 파스카라는 24세의 남자는 직업

148

이 **언더테이커**(Undertaker 장의사)였는데, 어느 날 Marino에게 제안을 한다.

Why Don't You Take Out Insurance On Him, I Can Take Care Of The Rest
Mike를 보험에 드세요, 나머지는 내가 알아서 하겠습니다.

Take Out Insurance On Someone(테익 아웃 인슈런스 안 서뭔)이란 '누군가를 보험에 가입시키다'라는 아주 중요한 어구이다. 둘은 또 단골 중에 **인슈런스 에이전트**(Insurance Agent 보험대리점)를 하는 친척으로 둔 남자와 **캐비**(Cabby 택시운전사)가 **그로우서리**(Grocery 식료품 잡화점)를 하는데, 늘 돈에 쪼들리는 남자를 포섭해 총 다섯이 **머카브러**(Macabre 으스스)한 **플랏**(Plot 음모)을 꾸미게 된다. 이 5명의 **컨스피러터즈**(Conspirators 음모자)들에겐 나중에 언론에서 살인 회사(Murder Trust)라는 별명이 붙여졌다.
술집주인 Marino는 Mike에게 술을 **안 어 크레딧**(On A Credit 외상)으로 얼마든지 줄 테니 마음껏 마셔도 좋다고 제안했다. 당시의 Mike의 나이는 60이 지나고 있었고 늘 취해, 찬데서 고꾸라져 잤기에 술을 계속 먹이면 곧 죽을 거라고 생각했다. 그래서 보험설계사와 짜고 프루덴셜 보험회사(Prudential Insurance Company)에 3,000달러의 생명보험에 가입한다. 여기서 **더벌 인뎀니티**(Double Indemnity 이중배액 보상)라는 특약을 가입했는데,

Prudential

Double Indemnity란 피보험자가 사고나 강도를 당해 사망하면 보험금이 두 배로(Double) 지급된다는 조항이었다. Mike은 매일 찾아와 술을 고래처럼 마셔 술을 따라 주는 Marino의 팔이 아플 지경이 되었다. 술에 취해 정신을 잃고 바닥에 쓰러져 자고 아침에 일어나 거리를 돌아다니다, 저녁이 되면 멀쩡하게 나타났다.

처음에는 술에 자동차용 **앤티프리즈**(Antifreeze 부동액)를 섞어 마시게 하였고, 그래도 죽지 않자 페인트 **씨너**(Thinner 희석제)인 테레빈유를 섞었다. 그러다 경주용 말의 몸에 바르는 연고(Horse Liniments)를 녹여 술에 타 마시게 했지만 듣지 않았다. 그래서 **랫 포이전**(Rat Poison 쥐약)을 술에 듬뿍 넣었지만 술에 취해 자고 나면 다음날 다시 건강한 모습으로 나타났다.

모어티션(Mortician 장의사)이였던 파스카는 어떤 사람이 **라 오이스터**(Raw Oyster 생굴)를 위스키와 함께 먹다가 죽은 것을 보고 상한 굴을 위스키에 몇 일 담가 냄새를 없앤 후, Mike에게 위스키와 함께 엄청 먹였지만 그는 멀쩡했다. 다음엔 **사아딘즈**(Sardines 정어리)를 캔에서 꺼내 상하게 한 후, 독을 섞고 면도날을 부수어 샌드위치를 만들어 안주로 먹였지만 아무 효과가 없었다.

해가 지나 1933년으로 접어들었다. 점점 초조해진(Grow Impatient) 다섯 명의 남자들은 Mike에게 **워드 앨커할**(Wood Alcohol 목공용알코올)을 마시게 했다. Wood Alcohol은 메틸알코올로 마시면 곧 **블라인드너스**(Blindness 장님)가 되고 사망하게 되는 저급 알코올이었는데 1927년에는 가
난한 술꾼들이 5,000명 정도 사망할 정
도로 위험한 액체였다. 처음엔 Wood
Alcohol을 위스키에 탔지만 나중엔 원액
으로 마시게 해도 Mike은 늘 술에 쓰러지고 다음날 멀쩡히 나
타났다.

외상값, 안주값 등 매달 들어가는 **프리미엄**(Premium 보험료)도 부
담으로 다가오고 있었다. 다섯은 아주 추운 밤(One Frigid Night)
2월에 Mike에게 술을 잔뜩 먹이고 차에 실어 옷을 벗긴 후, 눈
무더기 속에 던지고 차가운 물을 뿌리고 돌아왔다.

그러나 어찌된 일인지 다음날 Mike "어우 추워"하면서 주점의
문을 열고 들어섰다. Mike은 **누모우녀**(Pneumonia 폐렴)의 진단을
받지만 곧 회복하고 다시 술을 마시러 왔다.

며칠 뒤 다섯 명은 Mike을 다시 억수로 취하게 만든 후, 으슥
한 공원에 데리고 세우고 시속 70킬로미터의 속도로 **런 오우버**
(Run Over 치다)해 밟고 지나가려는 순간 행인이 지나가는 바람에
실패하고 도주한다. 그 뒤 시체가 발견되었다는 소식을 기다리
던 다섯 앞에 3주 후, 기브스를 한 Mike이 다시 나타나 술을 외
상으로 달라고 나타난다.

더 이상 참을 수가 없었던 다섯은 또 다시 Mike에게 술을 잔뜩
먹인 후, 일당 중의 한 명의 집으로 끌고가 호스를 목에 강제 삽
입하고 **개스 젯**(Gas Jet 가스버너)에 연결한 후 밸브를 틀어 가스를
주입하였다. 결국 한 시간 후 Mike은 사망하게 되는데, 사망원

인은 **카아번 머낙사이드 포이저닝**(Carbon Monoxide Poisoning 일산화탄소중독)이었다.

뒷골목에서 Mike은 생명보험 살인사건(Life Insurance Murder)의 희생자이라는 소문이 돌았고 다섯 일당은 체포되었다. 살인 회사(Murder Trust)의 일당 중 한 명은 무기징역을 선고받았지만, 네 명에게는 **일렉트릭 체어**(Electric Chair 전기의자)에 의한 사형이 선고되었다. 그들은 악명높은 싱싱 형무소(Sing Sing Correctional Facility)에서 사형이 집행(Electrocution)되었다.

Mike는 사람들의 입을 통해 무쇠의 마이크(Iron Mike), 내구성(耐久性)의 마이크(Mike The Durable)라는 별명이 붙여져 전설이 되었다. Durable(두어러벌)은 '질기고 오래가는'이란 뜻이다.

〈마이크는 죽일 수 없어!(You Can't Kill Mike)〉라는 팝송이 히트하고 연극으로 공연이 되고, 여러 방송국에서 그에 관한 다큐멘터리가 만들어 졌다.

순수하고 푸른 피
Blue Blood

스페인과 포르투갈이 있는 땅을 **아이비어리언 퍼닌설러**(Iberian Peninsula 이베리아반도)라고 하고, 여기의 좁디좁은 **스트레이트 어브 지브롤터**(Strait Of Gibraltar 지브로터해협)를 건너면 바로 아프리카대륙이 나온다. 이곳의 지배층은 스페인과 유럽의 귀족(Aristocrats)으로 **페어**(Fair 흰 피부)를 가졌다.

그 당시 북아프리카에는 이슬람을 믿는 사람들이 살았는데 그들을 무어인(Moor)이라 불렀다. Moors(무어즈)는 아랍계와 베르베르족 토착원주민이었는데 피부가 검었고 이슬람을 믿었다. 그들은 8세기에는 Gibraltar Strait를 건너 스페인을 지배하게 된다.

세월이 흘러 15세기에 이르러, 이 지역은 스페인 왕국이었던 아라곤의 페란도2세(Ferdinando ii Of Aragon)와 카스티야 왕국의 이사벨라 여왕(Isabella Of Castile)이 다스리고 있었다. 그들은 무어인들과 유대인들에게 전원 기독교로 **컨버전**(Conversion 개종)할 것을 **얼터메이텀**(Ultimatum 최후통첩) 하고, 그렇지 않을 경우 모두 내쫓아 내겠다고 위협했다. 그리고 19세기가 될 때까지 무어인들과 **인터브리딩**(Interbreeding 이종교배)을 금지했는데 이

유는 이러했다.

자신들의 피는 순수하고 푸르러(Pure And Blue) 그들과 다르기에 서로 섞일 수 없다는 논리였다. 귀족들은 그늘에서 살아 피부가 하얗고, 피부 아래로 비치는 혈관(Vein)이 푸른 휴(Hue 색조)를 띠었기에 유대인과 무어인들처럼 땡볕에서 힘들고 천한 농사일을 하는 검은 사람과 신분이 틀리다는 것이었다. 이것을 스페인어로 Sangre Azul(상그레 아줄), 즉 Blue Blood(블루 블러드)라고 했다.

오늘날엔 명문가의 사람들을 Blue Blood라고 부른다. 단순히 돈이 많은 재벌이라고 해서 Blue Blood라 불러주지 않는다. 오랜 가문의 역사와 저명한 학자, 정치가, 성직자들을 배출한 집안이어야 Blue Blood의 호칭이 허락되는 것이다. 그들은 **필랜쓰러피**(Philanthropy 자선)에 앞장서고 아들을 반드시 군대에 보내며, 전쟁이 나면 제일 먼저 달려가 기꺼이 목숨을 바치며 낮은 자에게도 갑질을 하지 않는다. **노우블레스 어블라이지**(Noblesse Oblige 고귀한 자의 책무)를 실천하는 것이다.

지금도 살아 다니는 창백한 사나이
Vlad The Impaler

깊은 밤, 차가운 보름달이 뜨면 성의 뜰을 한 남자가 걸어 다닌 다. 그의 얼굴은 온 몸에서 피가 빠져나간 듯 **페일**(Pale 창백)하 다. 그리고 박쥐가 되어 사람과 짐승의 피를 마시기 위해 마을 을 날아다닌다. 19세기 이후 **루언즈**(Ruins 폐허)가 된 왈라키아 (Wallachia)의 포에나리(Poenari)성은 1,480계단의 웅장한 **클리프** (Cliff 절벽)위에 세워진 **시터델**(Citadel 요새도시)로 한때 드라큘라 백작(Count Dracula)이 살았던 곳이다. **스케어리 뱀파이어**(Scary Vampire 무서운 흡혈귀)에 대한 전설은 여기서 약 600년 전에 시작 되었다.

15세기 지금의 루마니아지방은 북부의 트란실바니아 (Transylvania)와 서쪽의 왈라키아(Wallachia) 동쪽에 몰다비아 (Moldavia), 이 세 지역으로 나뉘어 있 었다. 1431년 한 왕자가 태어났는데 Wallachia(월러키어)의 공작인 블라드 2세 드라큘(Vlad II Dracul)의 아들이 었다. 아기에게는 블라드3세 드라큘 라(Vlad III Dracula)라는 이름이 붙여

졌다. 아버지 Dracul(드래큘)는 이슬람교도와 싸우는 기독교 군
대인 드라곤 기사단(Dragon Order)의 일원이었다. Dracul은 '용'
의 의미였고, Dracula는 '어린 용' 혹은 '용의 아들'이라는 뜻이
었다. Dracula(드래큘러)는 아버지의 뒤를 이어 Wallachia의 왕
이 되었는데 잔혹함과 흉악함으로 악명을 떨쳤다.

그는 적을 포로로 잡으면 모두 말뚝에 꿰어 죽여 그 시신을 국
경에 전시하여 적에게 공포를 심어주었다. 그리고 자국민들에
게도 무자비하여 **씨브즈**(Thieves 도둑)들이나 살인자, 반역자들을
모두 말뚝에 **임페일링**(Impaling 찌르다)하여 대로변에 말뚝과 함
께 세워놓아 지나가는 사람들이 보게 하였다.

Impaling하는 방법은 긴 말뚝의 끝을 뾰족하게 다듬어 기름
을 발라 그 위에 알몸의 범죄자들을 엉덩이로 앉게 만든다. 그
러면 서서히 **그래버티**(Gravity 중력)에 의해 막대가 **렉텀**(Rectum
직장直腸)을 파고들어 가, 몸을 뚫는 잔인한 방법이었다. 처형
당하는 자는 막대가 완전히 몸에 박힐 때까지 쉬이 죽지 않고
천천히 엄청난 고통에 시달리며 죽어간다. 그래서 사람들은
Dracula를 Vlad The Impaler(블래드 디 임페일러)라 부르며 두려
워하였다. Vlad는 러시아나 동유럽에 흔한 이름으로 블라디미
르(Vladimir)의 약칭이다.

당시 Wallachia의 시내 한 복판에는 공동 **파운턴**
(Fountain 분수)이 있었는데, 그 곁에는 황금으로
만든 **가블럿**(Goblet 포도주잔)이 놓여있었다. 누구
라도 이 Goblet으로 물을 마실 수 있게 줄에도

매지 않고 자유로이 두었는데 시간이 지나도 Goblet을 훔쳐가는 자는 아무도 없었다. 그만큼 모든 국민들이 왕을 무서워했기 때문에 죄를 짓는 사람이 나타나지 않았던 것이다. Goblet 은 목이 길고 화려한 문양을 새긴 잔으로 종교의식에 쓰는 배(坏)를 말하는데 양 옆에 손잡이가 달리기도 한다.

당시의 Wallachia의 국민은 가난한 **페전트스**(Peasants 농민)와 부유한 **노우벌민**(Noblemen 귀족)으로 크게 두 계급으로 나뉘어 있었다. Peasant는 귀족의 땅을 빌어 농사를 짓고 수확한 산물의 대부분을 빼앗기며 겨우 입에 풀칠만 하는 가난한 '소작농'을 말한다. '농사짓는 노예'는 Serf(서프)라고 하는데 둘 다 비슷한 의미이다.

하루는 Dracula의 경호원이 Nobleman의 집에서 100금화(Golden Coins)가 든 주머니를 훔쳤다. 그러자 그 귀족은 자신이 200금화의 주머니를 도둑맞았다고 보고하였다. Dracula는 200 금화가 든 주머니를 돌려주며 경호원을 체포하여 꼬챙이에 꿰어죽이고, 그 시체를 도시의 대로 중앙에 세워 놓았다. 시체의 목에는 금화주머니가 매어 있었다.

Dracula는 가난하지만 열심히 일하는 사람은 미워하지 않았지만 거지, 장애인, 노인, 병자, 도둑들은 노력하지 않고 남의 것을 탐하여 밥을 먹는다고 증오하였다. 어느 날 배고픈 자들을 위해 음식을 베풀겠다고 말하고, 온 나라의 거지와 노약자를 불러 모았다. 그리고 그들이 맛있는 음식에 **디바워**(Devour 걸신들린 듯 먹다)하느라 정신이 팔린 사이 **뱅큇 홀**(Banquet Hall 연회장)

의 문을 잠그고, 불을 질러 그들을 다 태워 죽인다. 또한 그는 배신한 신하를 죽인 후, 시체를 양옆에 쌓아두고 잔치를 벌이고 희생자의 피를 마시기도 했다고 알려졌다.

Dracula는 45세가 되던 해 사망하는데 부하에 의해 목이 잘려 죽었고, 그의 머리는 터키의 수도 이스탄불(Istanbul)의 광장에 전시되었다는 설이 있지만 어떻게 죽었는지는 정확히 밝혀지지 않고 있다.

그는 재임 중에 약 4만~10만의 사람을 무참히 살해 한 것으로 전해진다. 그러나 후세의 역사가 중에는 그가 그런 끔찍한 만행을 저지른 배경은 자신의 나라를 외부의 공격에서 지키고, 나라의 기강을 잡기위해 행한 일이라고 옹호하는 이들도 있다. Wallachia는 1859년 옆 나라 Moldavia(모울데이비어)와 합병되어 루마니아가 된다.

19세기말 아일랜드의 소설가 브램 스토커(Bram Stoker)는 루마니아에는 한 번도 가보지 못했지만, **이매저네이션**(Imagination 상상력)만으로 모든 사람들이 악마라 불렸던 작은 나라 군주를 소재로 삼아 소설 「Dracula」를 완성하였다. Dracula를 무덤에서 불러내 인간 세상에 걸어 다니게 **레저렉트**(Resurrect 부활)시킨 것이다.

마지막으로 한잔만, 제발

One Last Drink, Please

사람이 죽음을 맞이하여 마지막으로 내뱉는 말(Last Word)에는 한 인간의 삶의 흔적이 고스란히 녹아있다. 특히 인생을 치열하게 살다 간 거인들의 입에서 나오는 Last Word(래스트 워드)는 그래서 더욱 의미심장하다.

미국의 자존심이자 전 세계에서 가장 많이 팔리는 위스키(Whiskey)인, 잭 다니엘스(Jack Daniel's)는 1850년 태어난 Jack Daniel(잭 대닐)이란 자신의 이름을 걸고 탄생시킨 술이다.

1910년경 Jack Daniel은 50대 후반으로 60세에 다가가고 있었고 갈수록 기억력이 떨어져갔다. 어느 날 자신의 사무실에서 **세이프**(Safe 금고)를 열려고 했지만 비밀번호가 생각나지 않았다. Safe안에는 거액의 금품과 함께 위스키 제조에 관한 회사의 기밀문서가 보관되어 있었다. 자신에게 너무나도 화가 난 나머지 욕설을 퍼부으며 맨발로 Safe를 차기 시작했고 왼발의 엄지발가락이 찢어지고 피가 났다. 그 상처 속으로 **러스트**(Rust 녹)가 스며들었고 **블러드 포이저닝**(Blood Poisoning 패혈증)으로 발전하였다. Blood Poisoning이란, 말 그대로 **블러드**(Blood 피)가 **포이즌**(Poison 독)에 감염되는 것을 말하는데, 못 같은 것에 찔리면 Blood Poisoning로 발전할 가능성이 높다.

그의 왼발은 **갠그린**(Gangrene 괴저)에 걸렸고 절단해야만 했다. Jack은 Gangrene에 걸린 왼발을 절단한 후에 급격히 건강이 나빠졌고, 술로 고통을 달래며 **베드리던**(Bedridden 누워 있는)하는 나날이 계속되었다.

Jack은 10남매의 막내로 테네시(Tennessee) 주에서 태어났는데, 어머니는 그가 1살도 채 안되어 사망하였다. 아버지는 주정뱅이에다 폭력적이어서 가난과 매를 견디지 못한 어린 Jack은 7세가 되는 해, 단돈 7달러를 들고 **런 어웨이**(Run Away 가출)를 한다. 갈 곳 없는 그를 받아준 사람은 변두리 교회의 가난한 **레버런드**(Reverend 목사), 댄 콜(Dan Call)이었다. Dan Call은 일요일엔 목회활동을 했지만, 평일에는 **디스틸러리**(Distillery 양조장)를 운영하는 증류주업자(Distiller)였다. Distil이란 단어는 '양조주를 쎈 도수의 알코올로 증류시키다'란 의미이다. Jack은 새벽이면 누구보다 먼저 일터인 Distillery로 왔고 밤늦게까지 열심히 일하였고, 머리도 총명해 장부정리도 도맡아 하게 되었다.

빈곤한 마을사람들에겐 일요일 교회에 가는 것도 중요했지만 고된 일과를 마치고 마시는 한 잔의 술이 매우 간절한 생활의 낙이었기에, 술을 빚는 일은 Reverend에게 매우 중요한 일이었다. Jack을 유심히 지켜 본 Dan Call은 그를 양자로 삼았고 Distillery를 넘겨준다.

옥수수를 원료로 하여 술을 담고 증류시켜 속을 까맣게 그슬린 **오옥 배럴**(Oak Barrel 참나무통) 안에서 숙성시킨 위스키(Whiskey)를 버번(Bourbon)이라 하는데 Tennessee 주에서 주로 생산하던 **리커**(Liquor 도수 높은 술)의 종류였다.

Jack은 철분이 없는 맑은 물을 찾으러 산천을 헤맸고, 사탕단풍나무(Sugar Maple Tree)를 태워 만든 **차아코울**(Charcoal 숯)에 술을 통과시켜 특유의 향을 만들어냈다. 연구에 연구를 거듭한 Jack의 술은 최고의 Whiskey(위스키)가 되었고 자신의 이름을 따, Jack Daniel's(잭 대널즈)라고 명명했다. 그리고 자신의 회사 Jack Daniel's Distillery를 탄생시켰다.

처음 Jack Daniel's이란 이름을 달고 술이 나왔을 때 사람들은 술병이 네모진(Square) 것에 놀라는데, 당시의 술병은 모두 **라운드**(Round 둥근)한 형태였기에 신선한 충격이었다. Jack이 생각하기에 둥근 병은 테이블 위에서 굴러서 깨지는 경우가 많았고 운반하기에 불편했기에 각진 병 모양을 선택했는데 후에 이 병의 모습이 Jack Daniel's의 심벌이 되었다. Jack이 평생 사업을 하면서 마음속에 새긴 좌우명이 정직함과 올곧음이었는데 **스퀠**(Square 정사각형)이란 단어에는 '정직한', '공정한'  이란 의미도 있어서 네모 병을 선택했다는 설도 있다.

어린 시절 불우했던 가정환경이 트라우마(Trauma)로 남았던 것일까? 키가 155cm밖에 되지 않는 단신이었던 Jack은 평생을 독신으로 살았고 자식도 두지 않았다. **레이디즈 맨**(Lady's Man 여자를 좋아하는 바람둥이)이였지만 이상하게도 결혼은 하지 않았다. 그는 자신의 누나의 아들을 자신의 피붙이로 여기고 사랑했다. 다친 다리를 절단하고 괴저의 후유증으로 여생이 얼마 남지 않았음을 예감한 그는 전 재산을 **네퓨**(Nephew 조카)에게 물려준다. '남자 조카'는 Nephew라 하고 '여자조카'는 Niece(니스)라 한다.

그가 최후의 임종에서 숨을 거두는 한 마지막 말은 One More Drink, Please(원 모어 드링크 플리즈), "마지막으로 한잔만, 제발"이였다. 죽기 전 마지막으로 그가 사랑하고 인생을 바쳤던 Whiskey한 모금을 하고 싶었던 모양이다.

참고로 캐나다와 스코틀랜드, 일본에서 생산되는 위스키는 Whisky라 적고 **플루럴**(Plural 복수형)은 Whiskies로 쓴다. 미국과 아일랜드산 위스키는 Whiskey라 표기하고 Plural은 Whiskeys로 표기한다.

새우잡이 배에 잡혀가다

Be Shanghaied

1800년대 초 미국에 노예제도(Slavery)가 있을 무렵, 공업이 발달한 북부의 흑인노예들은 **컴패러티블리**(Comparatively 비교적)하게도 육체적으로 편한 노동을 하고 있었다. 반면에 **카턴**(Cotton 목화)을 주로 생산하는 남부의 노예의 **레이버**(Labor 노동)는 가혹하도록 힘들었고 대우도 짐승이하의 취급을 받았다. **카턴 인더스트리**(Cotton Industry 면직산업)은 대규모농장(Plantation)에서 노동 집약적으로 일해야 하는데 기반을 두었기 때문이다.

북부의 노예주들(Slave Owners)은 말썽을 부리거나 다루기 힘든(Difficult To Handle) 노예들은 **라운드 업**(Round Up 잡아들이다)했고, 이렇게 잡힌 노예들은 켄터키(Kentucky)의 루이빌항구(Port Of Louisville)에서 판매에 붙여졌다. 이런 흑인들은 가족과 생이별해 배에 실려 남부의 **카턴 필즈**(Cotton Fields 목화밭)에 팔려갔다.

이들은 사슬에 묶여 미시시피 강을 따라(Down The River) 내려갔는데 이것은 그들에게 **데쓰 센턴스**(Death Sentence 사형 선고)나 마찬가지였다. 절망한

노예들은 흉기로 자신의 발을 자해하거나, 목을 그어 자살을 시도하다 성공하지 못하면 강에 몸을 던지기도 했다. 영어어구에 '강을 따라 팔리다'라는 Sold Down The River(소울드 다운 더 리버)는 여기서 나온 것으로 **치터드**(Cheated 속임을 당하다), **빗레이드**(Betrayed 배신을 당하다)의 뜻으로 널리 쓰이는 표현이 되었다.

I Can't Believe That My Manager Said That Project Failure Was My Fault, I Was Really Sold Down The River On That One
매니저가 프로젝트의 실패가 내 탓이라고 말하는 것을 믿을 수 없어, 난 완전히 이번에 이 일에서 배신당한 거라고.

1800년대 당시에는 진정한 의미에서 **디 에이지 어브 세일링 쉽스**(The Age Of Sailing Ships 대항해의 시대)가 도래했다. 사람과 물류의 이동이 전 세계적으로 일어났다. 배에서는 비극도 많이 일어났고, 배 생활은 정말 고된 노동(Harsh Labor)의 연속이었다. 그래서 이러한 환경 때문에 **덱 핸드**(Deck Hand 선원)를 구하기가 힘들었다. 1년 가까이 걸리는 긴 항해에서 살아 돌아온다는 보장도 없었다. 뱃사람들은 나무널빤지 한 장을 사이에 두고 이승과 저승을 마주하고 있었다. **언스크루펄러스**(Unscrupulous 부도덕)한 선주와 선장들은 **설룬**(Saloon 주점)이나 거리에서 성인남성에게 다가가 **트리커**

리(Trickery 협잡)나 **브라이버리**(Bribery 뇌물), **언더 코워션**(Under Coercion 강압)으로 선원으로 계약시켰다. 또 술집으로 데려가 술을 잔뜩 먹인 후 **패스 아웃**(Pass Out 정신을 잃다)하게 만들어 마차에 실어 납치해(Abduct) 배로 끌고 가는 경우도 있었다. 피해자는 대부분 **멘털리 챌린지드**(MentAlly Challenged 지적으로 장애가 있는)거나 일가친척이 없는 **드리프터**(Drifter 부랑자)가 목표가 되었다. 이렇게 배에 태워지면 가장 긴 목적지는 중국의 상하이(Shanghai)가 되는 경우가 많았다. 당시에 **티**(Tea 차)와 중국의 도자기, 비단 등은 인기 있는 **트레이드 구즈**(Trade Goods 무역품)이었기 때문이다. 오늘날 Shanghai(섕하이)는 일반동사화되어 '속임을 당해 강제로 어떤 일을 강요당하다'의 의미로 사용된다.

Every Time They Invite Me To Dinner, I Get Shanghaied Into Cooking Everything Myself
그들이 나를 저녁에 초대하면 그때마다, 요리를 하게 부려먹으려고 하는 거라고.

Shanghai와 동의어는 Crimping(크림핑)인데 정확한 뜻은 '꾀어 선원이나 군인으로 팔다'이다.

중앙에 놓인 한 조각의 케이크

A Piece Of Cake

영어에서 '누워서 떡먹기'를 A Piece Of Cake(어 피스 어브 케익)이라고 하고 '아주 쉬운 일'을 Cakewalk(케이퀵)이라 한다. 미국의 노예제도 시절 흑인들은 고된 일이 끝나면 저녁에 **반파여**(Bonfire 모닥불)을 피워놓고 노래를 부르며 춤을 추며 피로를 달랬다.

룸바나 지르박(Jitterbug), 트위스트 같은 춤이 이렇게 탄생했다. 이 흑인의 춤 중에 케이크워크(Cakewalk)라는 것이 있었는데, 노예들이 그들 백인주인(White Owners)의 걸음새나 점잔빼는 모습을 흉내내어 추는 춤이었다. 이것이 자신들을 **마커리**(Mockery 조롱)하여 추는 춤임을 모른 주인들은 노예들을 마당에 모아놓고, 저녁에 **댄스 캄퍼티션**(Dance Competition 댄스경연)을 벌이게 한다. 자신의 유흥(Entertainment)을 위해서 연 것인데 자기가 직접 **저지**(Judge 심사위원)가 되었다. 흑인노예들은 짝을 이루거나 솔로로 나와 최대한 **그레이스펄리**(Gracefully 우아하다)하고 **힐레어리어슬리**(Hilariously 우스꽝스럽다)하게 춤을 추어야 했다. 마당의 가운데는 큼직한 케이크(Cake)가 상품으로 놓여 있었다. Piece Of Cake이나 Cakewalk는 여기서 유래된 단어들이다.

1863년 **이맨서페이션 프라클러메이션**(Emancipation Proclamation 노예해방선언)이 이루어졌지만 흑인에 대한 뿌리 깊은 차별은 사라지지 않고 계속되었다. 특히 남부의 주들에서 흑인에 대한 잔악행위는 더 심했다. **익스트림**(Extreme 극단적인)한 **와잇 섭레머시**(White Supremacy 백인 우월주의자) 집단 KKK(Ku Klux Klan)는 흑인들을 납치해 린치(Lynch)하거나 강간하고 살해했다. 반죽음이 된 흑인을 나무에 매달아 놓고 그 밑에서 고기를 구워먹는 것이 그들의 즐거움이었다.

1828년부터 전 미국을 **아이티너런트**(Itinerant 유랑)하는 극단에 백인배우들이 **래그**(Rag 누더기)를 걸치고, 태운 코르크재로 얼굴을 검게 칠해 흑인으로 분장하고 노래와 춤을 추어 인기를 끌었다. 이런 쇼를 Minstrel Show(민스트럴 쇼우)라 불렀는데 대 유행이 되었다. 주로 바보같이 넘어지거나 멍청하게 실수하는 모양을 흉내 내어 흑인이 백인보다 **인피어리어**(Inferior 열등)하다라는 것을 보여주기 위해서였다.

백인관객들은 박장대소했고 우월감에 빠졌다. 이 쇼에서 유행한 노래가 〈뛰어라 짐 까마귀야(Jump, Jim Crow)〉였는데 이후로 Jim Crow(짐 크로우)는 흑인을 얕잡아 부르는 용어가 되었다.

1870년경부터 1950년경까지 남부의 모든 주에서는 물

마시는 장소(Water Fountain), 식당, 열차, 교실 등 모든 공공장소에서 흑인과 백인은 평등하지만 분리되어야 한다(Separate But Equal)는 법이 있었는데 이것을 **짐 크로우 로즈**(Jim Crow Laws 흑인 차별 정책)이라 불렀다. 불결해서 같이 할 수 없다는 것이 속마음이었다.

노예제의 폐지(Abolition Of Slavery) 후, 100년이 다 되어 1950년이 넘어서야 마틴 루터 킹(Martin Luther King Jr) 목사나 말콤 X(Malcolm X)를 중심으로 흑인 **시벌 라잇스 무브먼트**(Civil Rights Movement 인권운동)가 일어나고 수많은 흑인들의 희생위에 평등이 이루어졌으나, 아직도 진정한 평등은 이루어지지 않고 있다.

전쟁터에서 한 때, 부르짖었던 구호
Wreak Havoc

Wreak Havoc은 '피해를 주다', '어떤 결과를 야기하다'의 의미로 널리 쓰인다.

A Powerful Tornado Wreaked Havoc On The Small Village
강력한 회오리바람이 작은 마을에 큰 피해를 주었다.

영어에 Wreck이란 단어는 '난파선', '부서진 차'를 가리켜 원어민들도 Wreck(렉)과 Wreak(릭)을 혼동하여 Wreck Havoc(렉 해벅), Wreak Havoc(릭 해벅)같이 **인터체인저블리**(Interchangeably 서로 교환하여) 하게 사용하는 것을 흔히 본다. Wreak은 **어벤지** (Avenge 복수하다)나 '형벌이나 복수를 가함(Infliction Of Vengeance Or Punishment)'이란 의미를 나타낸다. Havoc의 원뜻은 **쎄프트** (Theft 도둑질), '살인(Murder)' 그리고 '강간'이란 의미를 가진 앵글로 노르만어(Anglo-Norman)에
서 나온 옛 단어이다.
Anglo-Norman(앵글로우 노어민)은 11세기 프랑스가 영국과 아일랜드를 침공하여(Norman Invasion) 당시에 영국에서 쓰이던 언어이다. 옛날 전쟁에서 적을 섬멸한 뒤 지휘관이 Havoc(해벅)이라고 외치면 그때부터 병사들이 마을로 들어가 **언리머터드 슬로터**(Unlimited Slaughter 대량학살)와 강간, **디스트럭션**(Destruction 파괴) 그리고 **플런더**(Plunder 약탈)를 마음껏 하라는 **배틀필드 크라이**(Battlefield Cry 전쟁구호)였다.

사선을 넘어 온 병사들이 가장 기다리는 말이 Havoc이었다. Havoc은 병사에게 **리워어즈**(Rewards 보상)를 주는 것이었다. 이런 노략질은 옛 전쟁터에서 늘 이루어지던 관습(Practice)이었다. 14세기에 들어 리처드2세의 **레인**(Reign 통치시대)에 이르러 이 Havoc의 행위는 금지되었고 이를 어기면 참수형(Beheading)으로 처벌되었다.

내가 할 수 있는 곳이 아무것도 없다

Over The Barrel

20세기 이전에는 바다를 지배하는 자가 세계를 지배했다. 영국은 바다를 손에 넣어 해가지지 않는 **브리티쉬 엠파여**(British Empire 대영제국)를 건설했다. 그래서 **노터컬 텀즈**(Nautical Terms 항해용어)가 일반대화에 수없이 녹아있다.

By The Time He Was 34, He Had Learnt The Ropes Of Jewellery Trade
그가 34세가 되었을 때, 그는 보석업계가 돌아가는 방법을 배우게 되었다.

직장에 들어가 일의 '요령을 배우는 것'을 Learn The Ropes(런 더 로웁스)라 하는데 배에서는 선원이 처음 뱃일을 하게 되면 **로웁스**(Ropes 밧줄)를 다루는 법부터 배웠기에 나온 말이다.
영국의 해군은 규율이 엄격하기로 유명해서 군기를 흩트리는 해병(Sailor)은 물에 빠트려 익사(Drowning)지경에 까지 이르게 만들었다. 그리고 끌어올려 둥근 나무통 위에(Over The Barrel) 처벌자의 머리가 밑으로 향하게(Face Downwards) 묶어 놓았다.

그러면 폐에서 물이 빠지게 되고 **언칸셔스**(Unconscious 무의식)에 빠진 자가 **리서시테이트**(Resuscitate 소생)하는 것이었다.

또 **페니텐처리**(Penitentiary 교도소)에서 말썽을 부리는 죄수(Misbehaving Prisoner)는 **배럴**(Barrel 통)에 묶어놓고 **플라깅**(Flogging 채찍질)의 처벌을 했는데 여기서 유래하여 '누군가를 통 위에 올려놓다', To Have Someone Over The Barrel(투 해브 서뭔 오우버 더 배럴)이라 하면 '누군가가 **헬플러스**(Helpless 속수무책)인 상태', '어려운 곤궁에 처한 상태'에 빠지게 만드는 것을 말하게 되었다. 묶인 사람은 아무 것도 할 수 없고, 처벌자의 처분에 몸을 맡겨야 했기 때문이었다.

She's Had Me Over The Barrel Ever Since She Found Out About My Affair
그녀가 내가 바람을 핀 것을 알아 챈 후, 나는 그녀의 처분만 기다리는 신세가 되었다.

두 눈의 색깔이 달랐던 남자
Alexander The Great

BC 400년 경, 알렉산더 대왕 (Alexander The Great)이 태어나기 전 세상은 신이 인간과 섞여 살았고, 신화와 이성이 **코우어그지스트** (Coexist 공존)하는 시대였다. 당시의  이집트의 파라오(Pharaoh)였던 넥타네보2(Nectanebo Ⅱ)세는 사악한 **블랙 매직**(Black Magic 흑마술)을 부리는 **소어서러**(Sorcerer 마법사)로서 자신의 영토에 침입하는 군대를 **스펠**(Spell 주문)을 외워 파괴시키고 적의 함대를 태풍을 일으켜 바다깊이 가라앉혔다. 어느 날 페르시아의 막강한 군대가 이집트에 침공을 하고, 넥타네보(Nectanebo)는 신전에 나아가 자신의 수호신에게 빌어보지만 이번에는 어떤 마법도 통하지 않으리라는 계시를 듣게 되었다.

그래서 Nectanebo(넥터네이보우)는 현 그리스의 북부에 있었던 마케도니아(Macedonia) 왕국으로 몸을 피한다. Macedonia(매서도우니어)의 왕 필립2세(Philip Ⅱ)는 마침 정복 원정에 나가 있었고(On Campaign), 왕비 올림피아스(Olympias)가 Nectanebo를 영접하여 숙소를 제공하였다. 차츰 Olympias(오울림퍼어스)는 그의 뛰어난 **어스트랄러지**(Astrology 점성술) 지식에 탄복하여 존경하는 마음을 품게 된다.

Nectanebo는 왕비에게 리비아의 태양신 아몬(Ammon)이 꿈에 그녀의 침실로 들어오고 그녀는 곧 **컨시브**(Conceive 잉태를 하다)하리라는 예언을 한다. 그리고 자신이 **드래건**(Dragon 용)으로 변신하여 그녀의 꿈속으로 날아 들어가 **인터코어스**(Intercourse 성관계)를 하게 된다.

Olympias는 자신이 신과 사랑을 나누었다고 믿게 되었다. 한편 원정중인 필립2세는 꿈을 꾸는데 왕비가 **서펀트**(Serpent 큰 뱀)와 침대에 엉켜있어 자세히 보니 머리에 아름다운 뿔이 달리고 머리칼은 사납게 서 있는 괴물이었다. 이 역시 잘못된 정보(False Information)를 주기 위해 Nectanebo가 왕의 꿈에 나타난 것이었다.

꿈에서 깬 왕이 궁중의 **수쓰세여즈**(Soothsayers 점술가)들을 모아 **인털럿**(Interpret 해석 하다)하라고 지시를 하는데, 그들은 왕의 뱀에 대한 **디스크립션**(Description 묘사)이 아몬신이 틀림이 없으며 왕비가 임신을 할 것이라 입을 모아 말했다. 그러나 왕의 심기는 편하지가 않았다.

Philip(필립)이 원정에서 돌아와 궁에 있을 때, Nectanebo는 용으로 변신하여 들어오더니 곧 **이걸**(Eagle 독수리)로 변신하여 날다가 밖으로 도망을 갔다. Soothsayers는 용은 태양신 Ammon(애먼)을 **렙러젠트**(Represent 말하다)하며, 독수리는 신들의 왕 주피터(Jupiter, 그리스의 제우스)를 상징한다고 해석했다. 잠시 뒤 어디선가 닭이 한 마리 나타나 대왕의 **랩**(Lap 무릎)에 알을 하나 낳고(Lay An Egg) 사라졌다. 그 알이 **해치**(Hatch 부화)하더니 작은 용이 한 마리 나와 왕의 주위를 돌다가, 알로 돌아가려던 순간 쓰러져 죽었다. Soothsayers에게 해석을 하라 명하니, 왕비가 낳을 아기는 아들로 훗날 세계를 **캉커**(Conquer 정복)할 것이나 원정에서 고국으로 돌아오기 전 사망할 것이라고 예언했다.

얼마 안 있어 Olympias가 진통이 시작되었는데(Go Into Labour) 그녀의 곁에는 Nectanebo가 손을 잡고 앉았다. 그 순간 두 마리의 독수리가 궁궐의 지붕에 내려와 경호를 섰고(Stand Guard), 천둥소리와 함께 땅이 흔들렸다. 그리고 사내애가 태어났는데 광채가 나고 사자의 그것처럼 **고울던**(Golden 황금색)의 **컬링**

(Curling 곱슬곱슬하다)의 머리칼을 가지고 있었다. 그런데 왼쪽 눈의 색깔은 **그레이**(Grey 회색)이었는데, 오른 쪽은 **브라운**(Brown 갈색)이었다.

양쪽 눈의 색이 다른 것은 대단히 희귀한 유전적 결함(Genetic Deficiency)으로 어려운 용어로 Heterochromia(헤터럭로우미어)라 한다. 같은 성을 사랑하는 동성애자를 Homosexual(호우모우섹슈얼)이라 하는데 반해, 자신과 다른 성을 사랑하는 **스트레이트**(Straight 이성애자)를 Heterosexual(헤터로우섹슈얼)이라 하는 것에서 Hetero-는 '서로 다른'이란 의미가 있음을 알 수 있다.

나와 꼭 같은 또 하나의 나가 돌아다닌다

Doppelganger

2018년 5월 김정은이 중국을 극비방문 할 때, 자신의 검정색 메르세데스 벤츠(Mercedes-Benz) S600 풀만가드를 여러 대를 실어가 거리를 지나 갈 때 어느 차량에 탑승했는지 모르게 하였다. Mercedes의 발음은 '머세이디즈'라 하고 미국의 흔한 이름 중의 하나로 스페인에서 온 것인데 **그레이스**(Grace 우아함)와 **머시**(Mercy 자비)의 의미가 있다. 아마도 암살(Assassination)을 두려워해서 일 것이다.

옛 일본의 쇼군(將軍, Shogun)들은 자기와 꼭 닮은 무사를 발탁해 행차할 때 여러 가마 중에 태우고, 자신도 그 중 한 가마에 타 **어새선**(Assassin 자객)의 공격을 피하고자 했다. 이런 대역을 카게무샤(かげむしゃ) 즉 '그림자무사(影武士)'라 불렀다.

옛날 유럽에서도 이런 대역을 하는 사람이 있었는데 이를 더블(Double)이라고 했다. 고대 메소포타미아나 아랍, 유럽을 통해 전해지는 **포욱로어**(Folklore 민속)에 의하면 이 세상 어디엔가는 자신과 **레플리커**(Replica 복제품)같은 **고우스트**(Ghost 유령)가 존재하는데, 그는 나의 모습과 같고 목소리, 몸의 점 하나까지, 행동거지도 꼭 같이 하고 지구의 어느 한 편을 걸어 다닌다고 한다.

이런 유령에 관한 이야기
는 수 천 년을 거슬러 올
라가(Trace Back) 존재해 왔
다. 이를 영혼의 복제(Spirit
Doubles), 악마의 쌍둥이(Evil
Twin), **올터 이고우**(Alter Ego 또 다른 나)라 하고 독일어로 도플갱어
(Doppelganger)라고 불렀다

Doppel은 영어에서 Double(더블)이고 Ganger는 **고워**(Goer 걸어
다니는 사람)라는 뜻이다. **다플갱어**(Doppelganger 이중으로 돌아다니
는 자)는 보통사람들은 살다가 평생을 마주치지 않는 것이 보통
이지만 누가 나의 Doppelganger를 보았다고 하면 그것은 **배드
럭**(Bad Luck 불길한 것)으로 받아들여진다.

나는 그곳에 간 적이 없는데, 친지나 친구가 나를 보았다고 이
야기 하면 조만간 **시어리어스 일너스**(Serious Illness 중대한 병)나 재
난(Catastrophe)이 닥칠 **오우먼**(Omen 조심)이라고 한다. 또 자신이
자신의 Doppelganger를 직접 보게 되면 곧 죽음에 이를 예고
(Signs Of Impending Death)이라고 한다.

1860년 링컨(Abraham Lincoln)이 대통령에 당선되었을 때의 일
이었다. 업무를 끝내고 자신의 사무실에 돌아온 링컨은 방의
전신거울에 비친 자신의 **리플렉션**(Reflection 투영체)을 보고 소스
라치게 놀라게 된다. 거울 속에는 자신의 모습이 비치고 그 옆
에 또 다른 자신이 서 있었는데 안색이 창백하였다. 링컨의 부
인은 정신병이 심해 **어사일럼**(Asylum 정신병원)을 들락거리고 있

었는데, 이 말을 듣더니 "당신은 첫 번째 대통령임기(First Term)는 마치겠지만 재선이 되고 나면 누군가에 의해 암살을 당할 거"라는 예언을 한다. 그 말은 1865년 링컨이 극장에서 배우였던 존 윌크스 부스에게 암살됨으로서 적중되었다.

서양에는 여러 가지의 Ghosts가 존재한다. 지금도 백악관에서는 깊은 밤이 되면 복도에 링컨의 유령이 나타나 서성이다. 사라진다는 목격담이 실제로 존재하는데, 이런 유명인이나 왕족의 유령을 **팬텀**(Phantom 유령)이라고 한다.

평범한 사람의 유령이 특정한 장소에 나타나는 것은 Haunter(혼터)라 하고 사람이 죽음에 이르러 임종직전의 사망자의 주위에 나타나는 귀신은 Wraith(레이쓰), 오래 전에 죽거나 실종된 사람이 유령으로 나타나는 것은 Apparition(애퍼리션)이라 한다. 유령인데 안개나 연기로 피어나 사람의 형태를 띠는 귀신은 Specter(스펙터)라 하며, 라틴어 '환상', '환영'이란 스펙트럼(Spectrum)과 단어와 어원이 같다. 그리고 조용한 곳에서 갑자기 문고리가 딸그락거리거나 문이 닫히기도 하고 불이 꺼지거나 켜지는데 모습은 없고 소리로만 찾아오는 유령은 Poltergeist(포울터가이스트)라고 하고 의미는 '소란스런(Polter) 귀신(Geist)'로 독일어에서 온 것이다.

고수익을 올리는 수집가들
Scalping

콜럼버스가 미 대륙을 발견하기 까마득한 이전에도 이 광활한 땅에는 수많은 부족의 **네이티브즈**(Natives 원주민)들이 살고 있었다. 이들을 Native Americans(네이티브 어메리컨즈)라고 부르는데 인디언들(American Indians)이라고도 한다. 그들은 서로 공존하기도 했지만 부족 간 전쟁도 끊이지 않았다.

그들의 전쟁에서는 특유의 관행이 있었다. 적을 쓰러뜨린 자가 죽은 적의 **스캘프**(Scalp 머리가죽)를 도려내어(Carve Off) 높이 들어 올리며 포효하는 행동이었는데, 이 행위가 머리가죽 벗기기 (Scalping)였다. 승자는 적의 Scalp를 자신의 창끝에 꿰어 마을로 돌아왔고 그 수는 전사의 용맹함의 상징이 되었다.

누 월드(New World 신대륙)가 발견되자 영국을 비롯한 유럽에서 종교의 자유와 관용이 실현되는 땅을 찾아 **퓨러턴즈**(Puritans 청교도)들이 몰려들어 곳곳에 **칼러니즈**(Colonies 식민지)를 건설하였는데 이들이 초기의 정착민들(Early Settlers)이다.

초기의 정착민 중에 자크 카르티에(Jacques Cartier)라는 사람은 탐험대와 함께 지금의 퀘벡 주 부근에서 Native Americans과 조우한 **라이팅**(Writing 글)을 남겼는데, 그 Writing에 다음과 같은

이야기가 나온다.

Native Americans은 유럽의 **익스플로러러즈**(Explorers 탐험가)들 앞에서 집단으로 춤을 추면서 환대를 했다. 정중하게 인사말이 오고 갔고, Cartier가 족장인 도나코나(Donnacona)에게 그들이 처음 보는 신기한 선물을 했다. 기분이 좋아진 Donnacona는 자신이 아끼던 소중한 **프라이즈드 퍼제션즈**(Prized Possessions 귀중품)들을 보여주었다. 그것은 다섯 개의 사람의 Scalp이었는데 말려서 갈고리에 걸려 있었다.

유러피언즈(Europeans 유럽인)들은 이때 처음으로 Scalp를 목격했고 이 이야기는 전 유럽으로 퍼져 나갔다. Europeans는 공포를 느꼈고 Native Americans는 피를 갈구하는 **프러펜시티**(Propensity 천성)을 가진 **새버저즈**(Savages 야만인)들이라 생각했다. 그러나 그들도 곧 이 **바아버리점**(Barbarism 야만성)을 똑같이 저지르게 된다.

지금의 코네티컷과 매사추세츠 주변에 뉴잉글랜드 식민지를 건설한 정착민(Settlers)들 중에 존 올드햄(John Oldham)이라는 **트레이더**(Trader 무역상)가 토착민이었던 피쿼트 족(Pequot Tribe)에게 살해당하는 사건이 일어났다. Pequot(페이크워웃)과 Settlers(세틀러즈)의 사이의 분쟁은 1634년 **풀 안 워어**(Full-On War 전면적인 전쟁)로 번지는데 이것이 피쿼트 전쟁(Pequot War)이다. 매사추세츠 식민지 주지사는 Pequot들을 모두 죽여야 한다고 말하면서 그들의 목을 가지고 오는 자에게는 상금을 주겠다고 공표하였다. 성인 전사의 머리에는 40파운드, 여자나 12세 이하의 어린이의 목에는 20파운드의 현상금(Bounty)이 걸렸다. 그러나 목은 무겁고 들고 다니기에 **컴버섬**(Cumbersome 거추장스럽다)하였다.

포상금(Bounty)을 전문적으로 노리던 백인 정착자들(White Settlers)이 나타났고 그들이 Scalping(스캘핑)을 하기 시작했다. 백인들의 Scalping은 전 식민지로 퍼져나갔다.

1700년대 초반에 기습공격대 대원(Us Rangers)중에서 전문적으로 Bounty(바운티)를 노리고 인간사냥에 나선 자들이 생겨났다. 그중에서 존 러브웰(John Lovewell)이라는 자가 제일 유명하였는데, Native Americans들을 죽여 Scalp를 포대에 담아와 두당 100파운드의 큰돈을 벌어들였고 **셀레브리티**(Celebrity 유명인사)가 되었다. 그는 자신이 수집한 Scalp로 **위그**(Wig 가발)를 만들어 머리에 쓰고 보스턴 거리를 행진하여 우쭐거렸다.

그는 전업 머리가죽 수집가(Full-Time Scalp Collector)가 되었다. 그는 47명으로 된 부대를 조직하여 Native Americans의 큰 마을을 습격하여 대량학살하고 Scalping을 자행하였다. 그러나 47명의 부대원들과 상금을 나누면 돌아 올 몫이 적었다. 그리고 Bounty를 더 많이 차지할 욕심으로 부하들을 죽이려다 자신이 살해되어 Scalp가 벗겨졌다.

Settlers가 영국으로부터 독립하려 혁명(American Revolution)이 일어나자 영국본토에서는 혁명군들을 진압하기 위해 헨리 해

밀튼(Henry Hamilton)이라는 사령관을 파견하였다. 그는 인근의 Native Americans들에게 **레벌루셔네어리즈**(Revolutionaries 혁명군)들의 머리를 기지고 오면 돈을 주겠다고 부추킨다. **새버지**(Savage 야만적)이라던 그들에게 잘 드는 칼을 지급하고 매입 개수를 꼼꼼하게 기록했는데, 많이 매입한 날의 머리는 129개에 이르렀다. 그래서 그에게는 머리카락장수 장군(Hair-Buyer General)라는 별명이 붙었다.

19세기 중반에 멕시코-미국 전쟁(Mexican-American War)이 일어나는데 이 과정에 아파치인디언(Apaches)들이 끼어들었고, 그들은 멕시코 쪽에 붙어 미국인들을 습격하였다. 악명 높은 텍사스 공격대원(Texas Rangers)들이 Apaches(어패치즈)들의 사냥에 나섰는데, 그 중에서 글랜튼(Glanton)이라는 자가 가장 유명하였다. 미국 식민지정부에서 Apaches들의 Scalp를 가지고 오는 자들에게 후하게 Bounty를 지급하였다. 그런데 Scalp를 자세히 살피지 않고 현금을 지급하였다.

그는 부대를 조직하여 Apaches의 사냥에 나서게 되는데, 점점 Apaches의 수가 줄어들자(Run Out Of) 무고한 멕시코사람(Mexican Civilians)을 죽여 그것들을 아파치라고 둘러댔다(Pass Them Off As Apaches). 그는 점점 왕성한 **시어리얼 킬러**(Serial Killer 연쇄살인자)로 돌변하여 무작위로 사람을 죽이고 머리가죽을 벗겼다.

그 지역에 평화를 사랑하는 유마 족(Yuma Tribe)이 살았는데, 그는 강에 **페어리 보우트**(Ferry Boat 연락선)를 뛰어놓고 그들과 멕시코주민을 배에 초대하여 술을 마시게 한 후 전원 살해하여 Scalping을 자행했다.

보다못한 멕시코북부의 치와 주(Chihuahua State)의 주지사가 그의 목에 거액의 현상금을 걸었다. 그러나 정작 그의 Scalp를 들고 온 자는 평화주의자였던 Yuma(유머)이었다. 악에 받힌 그들은 밤에 Glanton(글랜턴)과 그의 졸개들의 야영장에 **스닉 인투**(Sneak Into 숨어 들어가)해 모두 살육하고 Glanton의 목을 그어 살해하고 Scalp을 벗겨 가지고 왔다.

Settlers와 Native Americans 사이에 보복과 증오가 반복되었고, 다수의 인간들의 Scalp가 잘라져 나갔다. New World의 **프런티어**(Frontier 변경)에서 **시벌리제이션**(Civilization 문명)과 야만(Savagery)의 경계선은 점점 사라져갔다.

하늘 아래 두 개의 해는 없다
Rivalry

100여 년 전 발명가 토머스 에디슨(Thomas Edison)에게는 조지 웨스팅하우스(George Westinghouse)라는 **네머시스**(Nemesis 숙적)가 존재했다. 에디슨은 위대한 **인벤터**(Inventor 발명가)였지만 그리 **버추어스**(Virtuous 고결)한 인간은 아니었다. 그는 자신이 고용한 기술자들이 고안한 아이디어를 제 것으로 훔치고 쓸모가 없어지면 버리고, 라이벌은 철저히 부수어버리는 탐욕스런(Greedy) 인간이었다.

 Westinghouse 역시 뛰어난 발명가였고 **엔저니어**(Engineer 공학자)였으며 **앰비셔스**(Ambitious 야심만만)한 기업가(Entrepreneur)였다. 인류역사를 바꾼 **일렉트리서티**(Electricity 전기)가 발명되고, 1879년 **인캔드 센트 라이트 벌브**(Incande Scent Light Bulb 백열전구)를 에디슨이 발명하지만 **파워 플랜트**(Power Plant 발전소)에서 먼 곳까지 어떻게 전기를 운반하느냐(Delivery Of Electricity)는 큰 문제가 되었다.

토머스 에디슨(Thomas Edison)의, 에디슨 전기회사(Edison Electric

Light Company)는 **더렉트 커런트**(DC Direct Current 직류방식)를 고집하여 곳곳에 **하이 드로우일렉트릭 파워 플랜트**(Hydroelectric Power Plant 수력발전소)를 지어 미전역에 전기를 공급하여 막대한 **패턴트 로열티  즈**(Patent Royalties 특허료)를 챙길 야심을 가지고 있었다. 그러나 DC는 멀리 가면 전압이 떨어지는 단점이 있었다.

반면 Westinghouse의 회사, 워싱턴하우스 전기회사(Westing house Electric Company)는 **올터네이팅 커런트**(AC Alternating Current 교류방식)를 택해 아무리 먼 곳이라도 전압의 떨어짐 없이 전기를 공급할 수 있었다. 생산비용이나 기술 등에서 서로 장단점이 있었으나 에디슨은 DC만을 고집하였다.

DC의 단점을 극복하기 위해 천재 **매써머티션**(Mathematician 수학자)이였던 세르비아인(Serbian) 니콜라 테슬라(Nikola Tesla)를 고용하고 DC로 전기를 멀리 보낼 수 있는 방법을 알아내라는 임무를 맡기게 된다. 그리고 엄청난 액수의 성공보상금을 약속하였다. 그러나 Tesla(테슬러)가 아무리 연구를 해도 **디시 제너레이터**(DC Generator 발전기)로는 먼 거리에 고압볼트(High-Voltage Energy)를 보낼 수 없다는 결론을 내리고 자신이 AC로 훨씬 **이피션트**(Efficient 효율적)한 전송방식을 고안해 냈다. 그러나 Edison은 약속한 보수도 주지 않고 Tesla를 내 쫓아 버린다.

한편, 기술과 자본으로 무장한 Westinghouse는 에디슨의 전기가 미치지 못하는 인구가 적은 지역(Less Populated Areas)에 전기를 공급하기 시작했고, 이미 에디슨이 점령한 대도시에는 원가 이하의 싼 가격으로 전기를 팔아(Sell Electricity At A Loss) 조금씩 잠식해 들어가기 시작했다.

드디어 1887년 두 회사의 시장점유율이 50대 50이 되었다. 에디슨은 Westinghouse가 자신의 사업에 큰 **쓰렛**(Threat 위협)이 됨을 깨닫고 철저히 부수어버리기로 결심한다. 전력운송시스템(Electric Power Transmission System)을 둘러 싼 세기의 전류의 전쟁(War Of The Currents)의 막이 오른 것이다. 이 격렬한 전쟁은 1880년 말에서 1890년 초까지 진행되었다.

1887년 뉴욕의 버펄로의 한 **덴터스트**(Dentist 치과의사)가 새로운 형태의 사형기계를 고안하고 있었다. 당시의 처형방식은 교수형(Hanging)이었는데 그 과정이 잔인하여 **올터너티브**(Alternative 대안)로 보다 **휴메인**(Humane 잔혹하지 않은)하고 진화된 형식의 살인기계(Death Machine)를 발명하고자 했다.

그는 우연히 술에 취한 한 사람이 **에이시 다이너모우**(AC Dynamo 교류발전기)에 손을 대 사망한 것을 보고 인류 최초로 전기로 사형수(Death Row Inmates)를 죽이면 어떨까하는 아이디어를 냈다. 그의 이름은 알프레드 사우스윅(Alfred P. Southwick)이라는 사람이었는데, 훗날 전기 의자의 아버지(Father Of Electric Chair)로 그 이름을 얻게 된다.

그는 에디슨에게 편지를 써 자신의 아이디어를 기계로 만들 것을 제안하고 에디슨은 그 제안을 덥석 받아들인다. 그리고 1888년 6월 **리포어터즈**(Reporters 기자)들을 모아놓고 얇은 **틴**(Tin

주석)으로 만든 철판위에 개를 한 마리 묶어놓고 판위에 양철 물통을 놓았다.

개가 물을 마시려는 순간 에디슨이 AC Dynamo의 스위치를 올리자 불쌍한 개가 '켕'하고 비명을 지르더니 쓰러져 죽었다. 그는 실험실이 있던 서부 오렌지군 연구소(West Orange Laboratory)에서 차츰 **캐브즈**(Calves 송아지), **호어스**(Horse 말) 등으로 크기를 키워갔다. 그곳에는 기자들과 함께 뉴욕의회위원들(New York State Committee)도 초대가 되었다. Dynamo는 발전기 Generator와 동의어이고 소의 새끼는 Calf(캐프)라 하는데 복수형이 Calves이다.

그해 윌리엄 켐러(William Kemmler)라는 살인범에게 사형이 선고되는데 집행방식(Method Of Execution)은 교류에 의한 전기의자(Electric Chair) 전기처형(Electrocution)으로 정해졌다. 인류 최초였다. 에디슨과 고안자 사우스윅(Southwick)은 전기야말로 순식간에 몸에 전류가 흘러 고통이 없이 죽으니 문명적인 방법이라고 치켜세웠다.

'전기처형하다'라는 Electrocute(일렉트러큣)은 전기의 Electricity와 '처형하다'의 Execute(엑서큣)이 합해진 단어로 당시에는 '전기처형' Electrocution(일렉트러큐션)이란 단어가 없던 시절이었다. 교류전기로 처형되는 것을 '웨스팅하우스하다', '웨스팅하우스당하다(Be Westinghoused)'라는 새로운 신조어를 만들어 냈다. Westinghouse의 교류(AC)가 인간을 죽일 거라는 악의적인 **프라퍼갠더**(Propaganda 흑색선전)이었다.

그러자 Westinghouse는 Kemmler(케믈러)를 위해 100,000달러를 들여 최고의 변호사들을 선임해 **섭림 코어트**(Supreme Court 대법원)에 전기의자에 의한 집행이 **어뉴주얼**(Unusual 상식에 벗어난)한 방식이라고 **어필**(Appeal 상고)했지만 에디슨의 방해로 실패하고 전기처형이 확정되었고, 결국 1890년 오번 형무소(Auburn Prison)에서 Electric Chair 처형이 최초로 집행되었다.

하지만 이런 에디슨의 온갖 방해에도 Westinghouse의 교류는 그 장점이 인정되어 점점 퍼져나갔고, 1893년 열린 시카고 세계 박람회(Chicago World's Fair)의 전기 계약자로 공식 지정되었다. 전류 전쟁은 결국 에디슨의 패배로 끝이 나고, 후에 에디슨은 그때 테슬라의 조언을 듣지 않았던 자신을 책망했다.

죄의 무게는 어떻게 다는 가?

Serial Rapist

캘리포니아 주, 비살리아(Visalia)는 **데어리 파아밍**(Dairy Farming 낙농업)이 주를 이루는 인구 약 12만의 농촌마을이다.

1995년 당시 16세이던 마리아(Maria, 가명)는 학교가 끝나고 친구들과 놀다가 해 질 무렵 집에 도착했지만 바로 집에 들어가지는 않았다. 집 뒤로 돌아가 담배 한 개비를 꺼내 불을 붙이려던 순간 **아웃 오브 노우웨어**(Out Of Nowhere 어디선가)에서 한 괴한이 나타났고 그녀의 목덜미에 차가운 검은 금속이 닿았다. **세미 오터매틱 피스털**(Semi-Automatic Pistol 반자동권총)이었다. **앳 건 포인트**(At Gun Point 총구가 겨누어 진 채)로 Maria(머리어)는 끌려갔고 범인의 차안에서 수차례에 걸쳐 끔찍한 강간(Rape)을 당하게 된다. 범행 도중 그는 자신을 배신하고 떠난 여자 친구에 대해 이야기를 하고, 여성에 대한 증오심을 드러내며 구타를 가하기도 하였다. 그는 또 마약에 심하게 취한 상태였다.

겨우 풀려난 그녀는 경찰에 신고하였다. 경찰조사(Interview)에서 소녀는 **어세일런트**(Assailant 가해자)가 **컬리 헤어**(Curly Hair 곱슬머리)의 **와잇 메일**(White Male 백인남성)이며, 키가 약 6피트(180cm)정도고 회색 픽업트럭(Pick-Up Truck)을 타고 있었다고 했다. Point(포인트)에는 '가리키다', '겨누다'의 뜻이 있어 Point A Gun(포인트 에이 건)이라 하면 '총을 겨누다'의 의미가 된다. '칼이 겨누어진 상태에서'는 At Knife Point(앳 나이프 포인트)라고 한다.

이 사건 후 약 열흘 뒤, 밤 10시경 대형마트의 주차장에서 33세의 한 여성이 Semi-Automatic Handgun에 의해 납치될 뻔한 사건이 일어났지만 여성의 격렬한 저항에 범인은 황급히 도주하였다. 진술에 따르면 용의자(Suspect)의 인상착의는 Maria를 강간한 강간범(Rapist)과 비슷하였지만, 타고 도주한 차량은 포드사의 브롱코(Ford Bronco)였다.

또 2주후, 한 여대생이 새벽에 조깅을 하고 있는데 푸른 색 포드 썬더버드(Ford Thunderbird)차량이 다가와 **애스크 포어 더렉션즈**(Ask For Directions 길을 묻다)하면서, 괜찮으면 자신의 차에 타서 직접 길을 안내해주지 않겠느냐고 제안했지만 **서스피셔스**(Suspicious 의심이 든)한 여대생이 거절하자 차는 달아났다.

그로부터 몇 시간 후, 똑 같은 차량이 지나 가던 아가씨에게 Ask For Directions을 하면서 차에 타기를 권유했다. 이 여성은 남자의 **사프트 스포우컨**(Soft-Spoken 상냥한 말투)에 경계를 풀었고 동승하여 길안내를 했다. 어느 정도 차가 달리다 시골의 한 **반**(Barn 헛간) 주위에 이르자 남자가 돌변하여 **섹슈얼 어솔트**(Sexual Assault 성폭행)가 일어났다.

서 너 시간이 흐른 후, 그녀는 나체인 채로 풀려났고 약 10분을 달려 민가에 들어가 도움을 요청하였다. 그녀도 조사에서 남자가 폭행 중에 헤어진 여자 친구에 대해 이야기했다는 진술을

했다. Maria와 똑 같은 진술이었
다. 사건은 **리메인 코울드**(Remain
Cold 해결되지 않다)된 채 시간이 흘
러갔다.

2년 후, 14세 소녀가 6살 여동생과 길을 가는데, 푸른색
Thunderbird 차량이 다가 와 납치를 시도하다 미수에 그친 사
건이 일어났다. 경찰의 신속한 수사에 용의차량은 근처 편의
점 주차장에서 발견되었다. 경찰은 차안에서 마약인 메탐페타
민(Methamphetamine)을 발견하고 남자를 마약소지혐의로 긴급
체포하였다. Methamphetamine(메쎔페터민)은 미국에서 흔히
Meth(메쓰)라 불리는데 히로뽕을 말한다.

이 남성은 20세의 채드 맨시보(Chad Mancebo)란 청년으로 대규
모의 목장을 경영하는 지역의 유지인 낙농업자(Dairy Farmer)의
아들이었다. Mancebo(만체보우)는 이미 결혼도 했고 젖먹이 아
들도 두고 있었다. 경찰은 6장의 인물사진에 Mancebo의 사진
을 끼워 넣고, 마리아와 여러 명의 피해여성에게 범인을 고르
라 하자 모두 Mancebo의 사진을 찍었다. 이런 수사기법을 **포
우터그래픽 라이닙**(Photographic Lineup 사진 줄세우기)이라 한다.

Lineup이란 영화에서 흔히 보듯 안에서 밖이 안 보이는 대형
유리 너머에 6명의 사람을 세우고, 목격자로 하여금 용의자
(Suspect)를 고르게 하는 방식이다. Mancebo는 체포되어 **스탠드
트라열**(Stand Trial 재판을 받다)하게 되었고, 그의 부유한 부모는 최
고의 변호사를 선임(Lawyer Up)하였다.

네 명의 피해자의 증언은 서로 **시멀러**(Similar 비슷하다)했지만 **아이덴티컬**(Identical 똑같은)하지 않았다. Mancebo는 범행 중에 어떤 증거도 남기지 않았다. 네 목격자는 용의자의 **하이트**(Height 키), 머리카락의 길이, 머리의 색에서 서로 다른 진술을 하고 있었다. 그리고 Mancebo의 변호사들은 Maria가 끌려갔다고 주장하는 Pick-Up Truck을 Mancebo가 결코 소유한 적이 없다고 항변했다. 심증은 있었지만 **스모우킹 건**(Smoking Gun 결정적인 증거)이 없었다. Identical은 '두 개가 서로 꼭 같은 것'을 말하여 Identical Twins(아이덴티컬 트윈즈)는 '일란성쌍둥이'를 가리킨다.

수사에 의해 2년 전 Maria가 강간당할 당시 Mancebo의 아버지 농장에 여러 대의 차량 중에 회색 Pick-Up이 있었지만 중고차로 먼 곳에 팔려나간 것이 확인되었다. 세월이 흘렀고 새 차주는 **리페어**(Repair 수리)와 **임프루브먼트**(Improvement 개선)를 하여 차안에는 어떠한 증거도 남아있지 않았다.

재판은 Mancebo에게 유리하게 돌아가고 있었다. 그때 Maria가 까맣게 잊고 있었던 기억의 조각들을 끄집어내었다. 그녀는 차 바깥에서 차문에 몸을 기댄 채 뒤로 돌아선 상태에서 강간을 당했다. 끔찍한 고통에 그녀는 창문테두리를 둘러 싼 검정 고무파킹을 이빨로 꽉 문 채 아픔을 견디고 있었다. 분명 고무에 **바이트 마아크스**(Bite Marks 깨문 자국)가 남아있을 터였다.

다행이 그 세월에도 고무파킹에는 아직 선명한 **바이트 임프레**

션즈(Bite Impressions 이빨자국)가 남아있었다. 고무는 벗겨져 **크라임 래브**(Crime Lab 수사연구소)로 보내졌고, 미국 최고의 **퍼렌식 오우단탈러지스트**(Forensic Odontologist 법의 치의학자)에 의해 이 자국이 Maria의 것이 틀림없음이 확인되었다. 이의 배열은 사람마다 다르기에 깨문 자국은 지문만큼이나 정확한 증거(Evidence)가 된다. '치과의학'은 Dentistry(덴티스트리)라고 하고 '치과학'은 Odontology(오우단탈러지)라 하는데 서로 분야가 틀리다.

이것이 Smoking Gun이 되었고 Chad Mancebo(채드 만체보우)는 유죄가 확정되어 155년의 형이 선고되었다. 미국 형법에서 모범수에게는 중간에 풀어주는 제도가 있는데 이를 **퍼로울**(Parole 가석방)이라고 한다. Mancebo에게는 135년이 지나서야 그 자격이 주어졌다.

강간(Rape)은 법정용어로 Sexual Assault(섹슈얼 어솔트)라 하는데 '성폭력'을 말하고 '성희롱'은 Sexual Harrassment(섹슈얼 해어어스먼트)라고 하며 무리하게 '성폭행을 시도하는 했지만 미수에 그친 것'은 Sexual Battery(섹슈얼 배터리)라 한다. **애그러베이티드 섹슈얼 어솔트**(Aggravated Sexual Assault 가중처벌 성폭력)는 그 대상이 장애인, 노약자일 때 그 처벌을 더 무겁게 하는 것을 말한다.

약한 자가 선택하는 방법

Terror

전쟁에 있어 한 쪽은 너무 강한데 다른 한 쪽은 비교가 안 될 정도로 약자일 때, 이런 전쟁의 양상을 **에이서멧리컬 워어페어** (Asymmetrical Warfare 비대칭전)이라고 한다. Symmetry(시멋리)은 '균형'을 말하는데 앞에 부정을 뜻하는 A가 붙어 Asymmetry(에이시멋리) 즉 '비대칭'이란 단어가 되었다. Theist(씨이스트)는 '유신론자'의 뜻인데, Atheist(에이씨어스트)는 '무신론자'가 된 것이 그 예이다. War(워어)는 '전쟁'을 말하나 Warfare(워어페어)는 '전쟁의 양상'이란 뜻으로 그 의미가 미묘하게 틀리다. War와 Warfare가 틀리듯 '전투'라는 Battle(배틀)도 둘과 구분한다.

Strategy Wins Wars, Tactics Wins Battles
전략은 전쟁에 승리를, 전술은 전투에서의 승리를 가져온다.

러시아와 체첸, 미국과 아프가니스탄의 전쟁이 그 예이며, 핵을 놓고 미국과 대결하는 북한을 비대칭 전쟁(Asymmetrical War)에 포함시킬 수 있다. 작고 가난한 북한이 유일한 **수퍼파워** (Superpower 초대강국)인 미국에 적수가 되지 못한다는 것은 삼척

동자도 알 수 있는 일이다.

그러나 승부의 세계는 묘해서 강하다고 꼭 이기는 것이 아님을 역사는 보여주고 있다. 아프가니스탄전쟁(War In Afghanistan)은 17년 이상 끌며 오늘도 이어가고 있다. 북한은 **브링크먼쉽**(Brinkmanship 벼랑끝전술)을 구사하며 전 세계에 **누클리어 워어**(Nuclear War 핵전쟁)가 곧 일어날지 모른다는 **테어러**(Terror 공포)를 심어주며 오늘날까지 버티고 있다. Asymmetrical War(에이서멭리컬 워어)에서 약자가 택할 수 있는 유일한 전술은 테러(Terror)이다.

체첸군은 포로가 된 러시아 군인을 죽여 잘게 토막 낸 다음, 포대에 담아 **애스**(Ass 당나귀)의 등에 지워 러시아진영으로 보냈다. 나귀는 미련한 짐승이어서 무거운 짐을 져도 쓰러져 죽을 때까지 길을 따라 걸어가는 습성을 가져, 체첸 자신들도 끝까지 가겠다는 결의를 담은 것이었다.

이후 러시아병사들 사이에 극도의 공포감에 탈주병이 생겨나고 러시아는 크게 고전을 하게 된다. 이런 **피어**(Fear 공포)와 **인티미데이션**(Intimidation 위협)은 적진을 황폐화시키고 적군에게 씻을 수 없는 **포우스트 트로매틱 스트레스 디소어더**(PTSD, Post Traumatic Stress Disorder 정신적 외상)를 주어 전쟁의 승패를 좌우하기도 한다.

모든 전쟁에는 상상할 수도 없는 잔악행위(Atrocities)가 일어나고 거기에 살이 붙어 소문은 전장에 퍼진다. 전쟁에서 군사력

보다 중요한 것이 **사이압스**(Psyops 심리작전)인데 각국에서는 이 Psyops의 중요성을 잘 인식하고 있다. 공포를 이용하는 **택틱스**(Tactics 전술)는 **릴리저스 그룹스**(Religious Groups 종교단체)에서도 볼 수 있다. '믿지 않는 자는 지옥에 떨어진다'라든지 '곧 **어파컬립스**(Apocalypse 종말)가 오리니 구원을 받자'라는 것이 그것이다.

컨서버티브즈(Conservatives 보수주의자)는 **리버럴즈**(Liberals 진보주의자)가 정권을 잡으면 빨갱이 세상이 된다고 선전하고 Liberals는 Conservatives를 뽑으면 빈부격차가 커져 가난한 자들은 굶어 죽는다고 선전한다. 사회 각 분야에서 경쟁관계에 있는 그룹들은 Terror를 그들의 승리의 도구로 사용하고 있는 것이다.

21세기가 된 오늘날에도 Terrorism(테러어리점)을 무기로 한 전쟁이 현재진행형으로 일어나고 있다. 중동을 시작으로 런던의 지하철에서, 파리의 공원에서, 마드리드에서, 미국의 심장부에서 공포를 노린 **바밍즈**(Bombings 폭격)가 일어나고 있다.

대마불사
Amazon And Fair Competition

전자 상업회사 아마존
(Amazon)은 이제 세계에서
가장 **밸려벌**(Valuable 가치가
큰)한 회사 중의 하나로 성
장했다. 처음 온라인 서점으로 시작하여 마이크로소프트와
구글알파벳을 제치더니, 애플과 당당히 선두 다툼을 하고 있
다. 이제 아마존은 모든 소비재에서 가구, **매녀팩처드 호움즈**
(Manufactured Homes 조립주택)까지 판매하며 오락, 클라우드(Cloud
Computing), 인공지능(AI)에까지 영역을 확대하고 있다. 마치 19
세기 후반 미국 전역을 연결한 **레일로우즈**(Railroads 철도)처럼 아
마존의 판매망과 조직은 얽히고설키어 거대한 **인프러스트럭처**
(InfraStructure 공공기반시설)를 형성하고 있다.

아마존의 이 플랫폼(Platform)을 기반으로 수 만, 수 십 만의 기
업들이 아마존 **마아컷플레이스**(Marketplace 시장체제) 안에서 **캄
퍼티션**(Competition 경쟁)을 하고 있다. 그러나 아마존은 이 막강
한 **스트럭처**(Structure 조직)를 바탕으로 **언페어 프랙티시즈**(Unfair
Practices 불공정한 관행)를 보이게 된다. 자유로운 경쟁을 방해하

는 **앤타잇러스트**(Antitrust 독점금지)의 원칙을 깨는 행위를 하는 것이었다. 아마존에 입점한 업체 중에 필로우 펫(Pillowpet)이란 참신한 기업이 있

었다. 이름이 가리키듯 애완동물(Pet) 모양을 한 **필로우**(Pillow 베개)를 판매하던 회사였는데 폭발적인 호응에 판매가 급증했다. 아마존은 이 아이디어를 훔쳐 자체적으로 Pet Pillow를 제작해 보다 **앳 어 치퍼 프라이스**(At A Cheaper Price 저렴한 가격)로 자신들의 Marketplace에서 판매하기 시작했고, 결국 Pillowpet라는 회사는 파산하게 되었다.

또 **다이퍼**(Diaper 기저귀)를 전문으로 파는 Diapers.com이라는 웹사이트가 소비자의 신뢰를 받아 꾸준히 성장하자 아마존이 눈독을 들이고 **바이아웃**(Buyout 매수)을 시도했으나 거절을 당했다. 그러자 아마존은 자신들의 Marketplace에서 기저귀를 **셀 빌로우 카스트**(Sell Below Cost 원가이하의 가격)로 판매하였고 Diapers.com은 **레버뉴**(Revenue 수익)가 급감하여 결국 아마존에 합병 당하게 되었다.

경쟁자를 제거하기 위한(In Order To Wipe Out Competitors) 이런 불공정한 가격경쟁을 **프레더토어리 프라이싱**(Predatory Pricing 공격적인 가격책정)이라고 한다. 결국 자본주의 경제의 기본이 되는 **앤타이머나펄리**(Antimonopoly 반독점)에 정면으로 위배되는 것이다. 보통회사가 이런 범법을 저질렀다면 진즉에 시장에서 퇴출

되었을 것이다. 그러나 아마존은 50만 명 이상의 직원을 거느린 **컨글라머럿**(Conglomerate 거대복합회사)으로 그 덩치를 계속 키워가고 있어 그 누구도 손 댈 엄두를 못 내고 있다.

안개와 거울
Smoke And Mirrors

19세기를 전후로 영국을 비롯한 유럽에서 공포극장(Horror Theater)이라는 곳이 생겨났다. 어두운 극장 안에서 마술사들이 갖가지 **일루전**(Illusion 환상)을 만들어 내어 사람들을 놀라게 하였다. 무대 위에서 자욱한 연기가 오르면 어딘선가 **애퍼리션**(Apparition 유령)의 모습이 떠오르며 갖가지 모습으로 바뀌는 것이었다. 이것을 마법사는 죽은 유령을 **칸저 업**(Conjure Up 불러내다)한 것이라 말하며 관객들을 공포의 도가니 속으로 몰아넣었다. 이것은 무대에 연기가 피어오르면 어딘가에 숨겨진 마술 등불(Magic Lantern)이라 불리는 **프라젝터**(Projector 영사기)에서 여러 모습을 쏘아 그 **빔**(Beam 빛줄기)이 다시 거울에 반사되어 **허버**(Hover 공중을 맴돌다)하게 만든 **컨트랩션**(Contraption 교묘한 장치)이었다.

1770년에 최초로 독일의 한 야바위꾼(Charlatan)이 만들어 낸 속임수였다. Hover는 매 같은 새가 날아다니다 공중에 딱 멈춘 상태를 나타낸 단어이다. 이런 쇼를 **팬태즈머고어리어**(Phantasmagoria 환등 쇼)라고 하였고, 많은 관중들(Spectators)을 모았다. 보통 '마술사'는 Magician(머지션)이라고 하는데

Illusionist(일루저너스트)도 마술사의 뜻이다. 그러나 정확한 Illusionists는 큰 무대에서 정교한 소도구(Elaborate Props)를 사용하여 장관을 연출하는 사람을 말하며, 예쁜 여성이 곁에서 진행을 돕는 경우가 많다. 여자의 몸을 반토막내는 것이 대표적으로 Illusionists가 하는 마술이다.

반면에 작은 무대에서 개인이 하는 현란한 **카아드 트릭스**(Card Tricks 카드마술)를 하는 공연자는 Magicians라고 부르지만 Illusionists라고 하지는 않는다. 모든 Illusionists들은 Magicians이지만 모든 Magicians이 Illusionists인 것은 아닌 것이다.

여기서 유래하여 오늘날 Smoke And Mirrors라 하면 '진실을 호도하여 꾸미기(Obscuring And Embellishing Of The Truth)', **디셉션**(Deception 속임수)을 뜻하는 어구로 널리 쓰이게 되었다.

Most People Know That The Politician Was Just Using Smoke And Mirrors To Make Things Look Better Than They Really Were

대부분 사람들은 그 일이 실제보다 더 좋게 보이게 하기 위해 그 정치가가 속임수를 쓰고 있다는 것을 알고 있다.

참고로 Delusion(딜루전)이란 단어는 정신병자 등이 가진 '망상'을 말하며 '환상'이란 Illusion과 구분된다.

대마초를 피우는 자

Assassin

13세기에 살았던 **머천트**(Merchant 상인)이자 여행가이며, 동방 견문록을 쓴 저술가였던 마르코 폴로(Marco Polo)는 1273년 이란 북부의 도시 알라무트(Alamut)를 지나며 다음과 같은 기록 (Writings)을 남기고 있다.

이 **러거드**(Rugged 거친)한 산악도시의 높은 지역에는 하사니 사바(Hassan-I Sabbah)란 노인이 다스리던 **스트롱호울드**(Stronghold 요새)가 있었다. 여기서 사는 사람들은 이슬람 시아파의 한 **섹트**(Sect 종파)인 니자리 이즈마일리(Nizari Ismaili's)를 신봉하는 **컬트**(Cult 광신집단)이며 **시크럿 오어더**(Secret Order 비밀결사) 단체였다. 이들은 시장이나 산길에서 지나가는 젊은이를 유괴하여 성채로 잡아 온다. 그리고 중앙에 꿀과 우유가 흐르는 분수가 있는 호화로운 방에 감금해 놓는데, 그곳에서 아름다운 **핸드메이던즈**(Handmaidens 하녀)들이 청년의 시중을 들고 매 끼니 때마다 산해진미의 **피스트스**(Feasts 향연)가 벌어졌다. 그리고 Hashish(해쉬쉬)라고 불리는 **매어리후애너**(Marihuana 대마초)를 피우게 하여 **트랜스 라익**(Trance-Like 환각 상태)에 빠지게 하여 이곳이 **페어러**

다이스(Paradise 천국)이라는  환상을 심어주었다. 이곳에 온 젊은이들을 **해쉬쉰** (Hashishin 대마초를 피우는 사람)이라고 불렀다.

이 Hashshin들은 **아아트 어브 디스가이즈**(Art Of Disguise 변장술), 독극물사용법, 검술 등을 익혀 적의 요인을 제거하는 살인기계로 만들어졌다. 단 한명의 유능한 자객이 적의 종교지도자나 정치인 등 **프라머넌트 피펄**(Prominent People 저명인사)을 비밀리에 죽이는 암살(Assassination)은 수 천, 수 만의 군대를 동원하는 대규모 전쟁에 비해 무척이나 **카스트 이펙티브**(Cost-Effective 효율적)한 방법이었다. 지도자 Hassan-I Sabbah는 이렇게 고도로 훈련된 젊은이들에게 암살의 임무를 완수하고 잡혀 처형되면 그 순간 너는 이제껏 경험했던 Paradise로 가고, 거기에는 72명의 **버전즈**(Virgins 처녀)들이 상(Rewards)으로 기다리고 있다고 세뇌를 시켰다.

오늘날 암살자를 뜻하는 Assassin(어새신)이란 낱말은 '대마초를 피는 사람'이라는 아랍어 Hashishin에서 왔다. Assassination(어새서네이션)은 '암살'을 Assassinate(어새서네이트)는 '암살하다'라는 의미이다. 여기에 선택되는 젊은이들은 단순히 저자거리를 떠도는 **래그태그**(Ragtag 오합지졸)가 아니라, 건강하고 지적능력이 있는 자들이었다. 그들은 고도의 학문적 소양도 갖추어야 했고, 뛰어난 육체적 훈련도 거쳐내야 했다. 삼엄한 경비가 서있는 적지도자의 침실에 잠입하여 독이 묻은 단검(Poisoned Dagger)을 머리맡에 두고 올 실력을 갖추고 있었다.

Assassins은 암살뿐만 아니라 적으로부터 거액을 받아내는 **엑스토어션**(Extortion 강탈)의 수단으로 사용하기도 했다. Assassins들은 저명인만을 노리며(High-Profile Target) **카머너즈**(Commoners 일반인)나 무고한 주변인(Innocent Bystanders)에는 위해를 가하지 않도록 교육받았다. 이 산채의 비밀조직은 몽골제국의 왕(Khan)의 암살을 시도했으나, 결국 1256년 막강한 몽고군의 대대적 공격을 받아 멸망당하게 되었다.

숲으로 사라진 남매
Hansel And Gretel

누구나 헨젤과 그레텔(Hansel And Gretel)의 **페어리 테일**(Fairy Tale 동화)을 알고 있을 것이다. 이 야기기는 두 **시블링**(Sibling 남매)이 **포어러스트**(Forest 숲)에서 놀다가 **액서덴털리**(AccidentAlly 우연히) 하게 길을 잃고 헤매다 깊은 산속에 집을 발견하고 다가갔는데, 그 집은 **진저브레드**(Gingerbread 생강 빵)로 만든 것이었다.

문을 두드리자 **해그**(Hag 노파)가 나와 집안에 둘을 들이고 맛있는 **컨펙셔네어리즈**(Confectioneries 과자)를 먹인다. 그러나 노파의 정체는 어린이를 잡아먹는 **위커드 위치**(Wicked Witch 사악한 마녀)였다. 오누이는 **윗**(Wit 기지)을 발휘하여 마녀(Witch)를 벽난로에 밀어 넣어 죽이고, 보물을 훔쳐 집으로 돌아온다는 **서머리**(Summary 줄거리)이다.

그러나 실제 이야기는 1880년 무렵 프랑스에 퍼져있던 무서운 민화 〈잃어버린 아이들(Les Enfants Egares)〉을 독일의 동화작가 그림형제(Brothers Grimm)가 모티브를 가져와 「Hansel And Gretel」로 각색한 것이다.

Hansel And Gretel(핸설 언드 그레털)은 시골마을의 가난한 오누이로 아버지는 **워드커터**(Woodcutter 나무꾼)이었고, 어머니는

민 언드 스틴지(Mean And Stingy 심술궂고 인색한)한 여자였다.

어느 해 마을에 흉년이 들어 먹을 것이 없자, 부인은 남편에게 아이들을 숲에 버리고 오라고 성화를 부렸다. 아빠는 망설였지만 엄마는 '아이가 숲에서 방황하다. **스타아브 투 데쓰**(Starve To Death 굶어 죽다)하던가 늑대에게 잡혀 먹히면 먹을 입을 줄여 두 부부는 살 수 있다'고 고집을 굽히지 않았다. 밤에 다락방에서 오빠 Hansel(핸설)은 그 이야기를 엿듣게 되고, 몰래 밖으로 나가 **페벌즈**(Pebbles 조약돌)를 주워 모아 바지주머니에 담아 두었다.

결국 남매는 아빠를 따라 산으로 가면서 Pebbles를 하나씩 떨어뜨려 아빠가 떠나자 Pebbles를 주워 집으로 돌아온다. 그러자 엄마가 불같이 화를 내어 다시 버리고 오라고 남편을 **내그**(Nag 들볶다)하는 것이었다.

이번에는 **브레드 크럼즈**(Bred Crumbs 빵부스러기)를 흘리며 온 길을 표시했지만, 도중에 새가 쪼아 먹어버려 되돌아 갈 수가 없었다. 오누이는 산속을 헤매다 **앳 어 디스턴스**(At A Distance 멀리)에 한 채의 집을 발견하고 다가가게 되는데 한 할멈(Hag)이 나와 둘을 집으로 들인다. 그리고 남매에게 자신의 남편은 **캐너벌리스틱**(Cannibalistic 사람을 잡아먹는)한 인간이니 집안에 꼭 숨어 있으라고 경고하였다.

남자가 외출에서 돌아오자 곧 아이들의 냄새를 맡고 찾아내고, 둘을 숨겨주었다는 이유로 부인을 **기브 어 비팅**(Give A Beating 때린다) 한다. 그리고 Gretel(그레텔)을 집안의 하녀로 삼았고 Hansel은 **피그스타이**(Pigsty 돼지우리)에 가두어둔다. 아이들이 너무 말랐기에 **패턴**(Fatten살을 찌워)해 맛있게 먹을(Devour) 심산이었다.

몇 날이 지나자 남자는 Gretel에게 칼을 주며 Hansel의 손가락을 잘라오라고 말한다. 얼마나 살이 올랐는지 확인하기 위해서였다. Gretel이 쥐를 잡아 그 꼬리를 끊어 오빠의 손가락이라고 내밀자 **더블 첵**(Double Check 자세히 살펴본)한 남자는 거짓임을 알고 Gretel을 심하게 때려 쓰러지게 만든다. 그리고 마당에 **소호어스**(Sawhorse 톱질용 나무걸이)를 준비하고 Hansel을 거기에 묶은 다음 목을 그어 피를 흘려 죽게 만들 요량이었다.

Sawhorse는 나무로 말의 모양을 만들어 톱질할 나무를 고정시키는 도구이다. 그리고 부인에게 마실을 다녀오겠다고 하면서 아이들을 **킵 앤 아이 안**(Keep An Eye On 감시하라)하라고 주의를 주었다. 남자가 집을 비우자 Gretel은 속임수(Trickery)를 써 할멈늘 Sawhorse에 묶어 오빠와 함께 칼을 들고 가, 그녀를 **컷 쓰로우트**(Cut Throat 목을 찌르고)하고 도끼를 들어 목을 잘라버린다. 그리고 집안에 숨겨진 금은보화(Treasure)를 훔쳐 **테익 오프**(Take Off 도망 치다)하는데, 집에 돌아온 남편이 마당에 떨어진 부인의 목을 보고 분노하여 추격에 나서게 된다.

막다른 곳에서 남자와 마주친 남매는 또 계략을 짜내 남자를 벼랑에서 밀어버리고 익사하게(Drown) 만들어 버린다. 그리고 우여곡절 끝에 집을 찾아오자 엄마는 병으로 이미 죽고 아빠가 눈물을 흘리며 맞아주었고 이들은 훔친 재물로 행복하게 살았다는 줄거리(Plot)였다.

옛 유럽에는 아이들에게 되도록 무서운 이야기를 들려주며 겁에 질리게 하면 아이들이 얌전해져 말을 잘 들을 것이라고 생각했다. 「미녀와 야수(Beauty And The Beast)」가 그렇고 「신데렐라(Cinderella)」, 「인어공주(The Little Mermaid)」 이야기가 전부 알고 보면 정말 소름끼치는 이야기로 구성되어있다.

마키아벨리를 위한 변명
The Prince

사보나롤라로 부터의 교훈

사람들은 그를 악마의 교사라고 부른다. 그가 쓴『군주론(The Prince)』은 잔인한 **딕테이터즈**(Dictators 독재자)와 폭군들을 위한 교과서로 알려져 있다. **포웁**(Pope 교황)은 그가 쓴 모든 책을 금지시켜 공공으로부터 사라지게 만든다. 그러나 그의 이름은 형용사가 되어 사전에 남아 오늘날까지 이어지고 있다. 어휘집에서 **마키어벨리언**(Machiavellian 마키아벨리 같은)은 '권모술수의', '잔혹한'과 같은 **서나너머스**(Synonymous 동의어)로 쓰이고 있다.

15세기 중반의 이탈리아는 옛 로마제국의 영광은 아득히 사라지고 걸레조각처럼 찢어져 여러 개의 **시티 스테잇스**(City States 도시국가)로 나뉘어져 있었는데, 이 도시를

NICCOLÒ MACCHIAVELLI

다스리는 지도자를 **프린스**(Prince 군주)라 불렀다. 화요일에 어제의 **앨라이**(Ally 동맹)가 **에너미**(Enemy 적)가 되고, 수요일엔 다시 Ally가 되며, 목요일에는 다시 원수가 되어 서로에게 칼을 겨루는 잔인한 시절이었다.

이탈리아의 주변은 프랑스, 오스만 트루크(Ottoman Empire, 현 터키), 신성로마제국(Holy Roman Empire, 독일) 같은 강대국으로 둘러 쌓여있었다. Machiavelli(마키어벨리)는 그 중의 한 도시인 플로렌스(Florence)에서 태어났다. Florence(플로런스)는 이태리어에서 피렌체(Firenze)라고 부른다. 아버지는 중간계급인 **어터니** (Attorney 법률가)였고 집안은 그리 넉넉하지 못했다.

당시의 가장 훌륭한 인문교양서적은 고대 로마의 역사가 티투스 리비우스(Titus Livy)가 쓴 『로마 건국사』였는데 142권으로 이루어진 이 방대한 기록집을 구입하기 위해서는 집 한 채의 값이 필요했다. 가난한 아버지는 어떻게 해서라도 아들에게 이 책을 읽히고 싶어했다. 그래서 출판사의 식자공으로 취직하여 낮에는 일을 하고, 밤에는 호롱불아래서 일일이 손으로 필사하여 아들에게 가져다 준다. 이 책은 Machiavelli의 인생에 큰 영향을 미치게 되었다. 25세가 되던 1494년 Machiavelli는 하급공무원이 되어 피렌체의 시청인 베키오궁(Palazzo Vecchio)으로 첫 출근을 하게 된다.

당시의 Florence는 메디치(Medici)가문이 다스리고 있었는데 그들은 은행가들로서 최고의 부를 소유하고 있었고, 가문은 역대 교황과 추기경, 정치가를 배출한 명문이었다. 그리고 미켈란젤로(Michelangelo), 레오나르도 다빈치(Leonard Da Vinci) 등 그들을 후원하여 불멸의 작품을 탄생시켰다. Medici(메디시)가 아니었더라면 르네상스(Renaissance)는 일어나지 않았고 오늘의 유럽 문명은 없었을 터였다.

그러나 Florence가 속한 토스카나(Tuscany) 지방은 협소하였고 인구는 10만에 불과했다. 군대는 없었고 전쟁이 나면 스위스나 외국에서 **머서네어리즈**(Mercenaries 용병)를 고용해 싸울 수밖에 없어, 늘 강대국의 눈치만 살피고 살았다. 이런 상황에서 Machiavelli는 시의 외교와 국방을 담당하는 **디플러맷**(Diplomat 외교관)으로 발탁되었다.

바로 그해 프랑스의 샤를8세(Charles Ⅷ)가 Florence의 부를 탐내 이탈리아로 침공해 왔다. 그 당시에 Florence에도 대포는 있었지만 탄환은 돌덩이를 사용했는데 프랑스의 군대는 화약포탄을 쓰는 대포를 가지고 있었다.

군사력은 비교가 되지 않았다. 당시 Florence의 군주였던 피에로(Piero De Medici)는 Charles(찰즈) 8세 앞에 나아가 부들부들 떨면서 무조건 항복하고 모든 요구조건을 들어주게 된다. Florence로 돌아온 Piero(피어로우)는 화난 군중에 의해 쫓겨나고 Florence는 소수의 우두머리가 다스리는 **알러가아키**(Oligarchy 과두정치체제)로 바뀌게 되었다. 청년 Machiavelli는 나약한 조국의 비참한 운명을 직접 목격하고 울분을 느낀다.

당시 도미니칸 수도회(Dominican Order)에 지롤라모 사보나롤라(Girolamo Savonarola)라는 수도사(Friar)가 있었다. 그는 여자와 맛있는 음식을 멀리하고 누추한 옷을 입었으며, 잘 웃지도 않는 **앤 어세틱**(An Ascetic 금욕주의자)이였다. 항상 주님만 생각하며 기도했고 세속의 **릴랙세이션**(Relaxation 안락함)과 **플레저**(Pleasure 즐거움)를 배격하였다. 대중 앞에서 행하는 그의 연설은

불과 같아서 청중들은 그의 연설에 눈물을 흘리며 감동을 느꼈다. 그는 Florence가 외국의 침공에 무너지고 나라가 누란의 위기에 빠진 것은 도덕적으로 타락했기에 하나님이 내린 천벌을 받았기 때문이라고 맹렬히 설교하였다. 그는 성직자이면서 **프라펏**(Prophet 예언자)이였고 공상가(Visionary)였다.

그런 그가 Florence의 권력을 잡자 도시를 도덕과 선함이 넘치는 하나님의 나라로 만들고자 했다. 당시의 교회는 부패하여 성직자들은 주머니를 채우고, 교황은 여러 명의 첩과 자녀들을 두고 있었다. 바티칸에서는 매일 밤 **오어지**(Orgy 주지육림)의 연회가 벌어지고 있었다. 따라서 일반시민들도 술과 방탕에 빠져 사치를 일삼았다. Savonarola(사보우나로울러)는 속세의 타락의 주범으로 Pope(포웁)을 지목하고 맹렬히 비난을 한다. 그는 교회를 비판하고 Florence에서 일체의 일상의 즐거움을 금지시켰다.

15세기에서 16세기로 넘어가던 그 시기에는 인간의 본성을 중시하는 Renaissance의 시대였다. 여성의 누드화가 나오고 유머와 해학이 넘치는 시와 소설, 조각이 유행하고 있었다. 그 중심에 조반니 보카치오와 미켈란젤로가 있었다. Savonarola는 역사상 가장 유명한 두 번의 불꽃놀이(Bonfire)를 계획하는데, 첫 번째가 그 유명한 허영의 화형식(Bonfire Of The Vanity)이다. Vanity(배너티)란 '허영', '사치'의 뜻인데 '욕실의 화장대'도

Vanity라고 한다. 그는 인간세상의 모든 쾌락과 안락을 악으로 규정하고 음란서적과 그림, 모피, 보석을 산더미 같이 쌓아두고 불을 지른다. 이것이 Savonarola의 첫 번째 Bonfire(반파여)이다. 그리고 **스트릿 어천즈**(Street Urchins 거리의 부랑자)들을 **거스타포우**(Gestapo 비밀정보원)로 고용하여 일체의 유흥행위를 밀고하게 하여 민중들의 삶을 조였고, 이런 엄한 단속에 민중들은 서서히 반감을 품게 되었다.

당시 교황은 하나님을 대신하여 지구를 다스리는 자로 각국의 왕을 임명하고 갈아치우며, 전쟁을 일으키기도 하는 지상의 최고 권력자였다. 자신을 비난하는 Savonarola에게 분노한 교황은 그에게 **엑스커뮤너케이션**(Excommunication 파문)의 형을 내리고 **어에스트 워런트**(Arrest Warrant 체포영장)를 발부하였다. Excommunication은 사형보다도 무서운 기독교의 최고 형벌이다. 영원히 지옥에서 불타는 고통을 받아야 하기 때문이다. 교황의 군대가 Florence에 입성하자 이미 불만에 찬 노한 군중들이 구름같이 그 뒤를 따랐다.

Savonarola는 체포되었고 **헤어러시**(Heresy 이단)의 죄가 선고되었다. Heresy의 형벌은 불에 태워 죽이는(Burn To Death) 끔찍한 것이었다. 이제 두 번째의 화려한 Bonfire가 시작되었다. 거대한 나무계단(Scaffold)이 설치되고 아래에는 **파여**(Pyre 장작더미)가 쌓였다. Florence의 시민들이 "태워라, 태워라"하고 고함치고 아이들은 처형대 주위를 돌며 춤을 추고 노래를 부르며 Savonarola를 향해 침을 뱉었다. 교황의 **커미셔너**(Commissioner

특사)가 "마지막 할 말이 없느냐"라고 묻자 Savonarola는 "주님이 겪었던 고통을 받으며 죽게 되어 기쁘다"고 짧게 대답하고 눈을 감았다.

죄인에 대한 표시로 얼굴에 면도가 시작되었고 신발이 벗겨지고 나체가 되어 누더기가 입혀졌다. 목에 밧줄이 감기자 집행인은 일부러 줄을 조이고 풀어 고통을 길게 하였다. 밑에서는 장작이 타 오르며 날름거리는 불길이 Savonarola의 팔에 옮겨 붙고 자신을 저주하는 민중들을 축복이라도 하는 듯 손이 화염에 가볍게 오르내렸다. 그 순간 갑자기 소나기가 내렸다. 흉측하게 탄 그의 시신이 광장에 그대로 남았다. 이 화형식이 거행된 시뇨리아 광장(Piazza Della Signoria)에는 500년 전 비극적인 사건이 광장의 바닥에 **플랙**(Plaque 동판)으로 지금도 남아있다.

Machiavelli는 Savonarola의 비참한 최후를 보고 많은 것을 느낀다. Machiavelli에 있어서 세상은 콜로세움(Colosseum)의 경기장 같은 것으로 우리 인간은 모두 그 곳에 서서 피를 흘리며 싸우는 **글래디에이터즈**(Gladiators 검투사)들이다. 이 냉혹한 세계에서 인간이 '선하다'라던가 '도덕적이다'란 것은 아무 쓸모가 없는 것이다. Machiavelli에 있어서 Savonarola는 도덕적인 선한 자였지만 무능한 지도자였고 **루저**(Loser 패자)였다. 그의 머릿속에는 『군주론』을 쓰기 위한 싹이 트고 있었다.

체사레 보르자에게 빠지다

행운이었을까? 아니면 앞으로 다가 올 거대한 불행을 겪게 하기 전에 잠 깐 보여 준 희열의 시간이었을까? Machiavelli가 관리가 되고 얼마 안 되어 집권층이었던 메디치(Medici) 가문이 반란에 의해 축출되 었다. 이 **쿠**(Coup 쿠데타) 후 Machiavelli는 우연히 출세가도를 달 리게 되고, 외교와 국방을 담당하는 차관의 자리에 오르게 된 다. 화려한 관복을 입고 가마를 타고 출퇴근하는 고관이 된 것 이다.

동시대를 살았던 체사레 보르자(Cesare Borgia)라는 소년은 조각 같은 이탈리아의 전형적인 미소년이었고 우수한 학생이었다. 그러나 소년의 내면에는 얼음 같은 **크룰티**(Cruelty 잔인성)가 숨어 있었고 원하는 것은 어떤 수단을 써서라도 얻고야 마는 **루쓸러스**(Ruthless 가차 없는)한 성격을 가지고 있었다. 보르자가문은 스페인의 북부에 기반을 둔 명문이었고, 아버지는 가톨릭교회의 고위직인 **카아디널**(Cardinal 추기경)이었다. 그러나 성직자이면서 뒤로는 수많은 **미스트러서즈**(Mistresses 애첩)들을 두고 그 사이 에서 배다른 자식을 여럿 두었다. 그 바람둥이 아버지가 교황 (Pope)으로 선출되는데 가톨릭역사상 가장 악명높은 알렉산드르6세(Alexander VI) 교황이다.

가족은 스페인에서 로마의 바티칸으로 본거지를 옮기게 되었 다. 아버지는 여러 자식 중에서 셋째인 조반니(Giovanni)를 총

애하여 교황군의 사령관으로 삼았고, Cesare(체이자아레이)는 장남이었지만 차남의 의무였던 성직자의 길을 가야했다. **일리지터밋 선** (Illegitimate Son 칩의 아들)으로 태어났기 때문이다. Cesare는 심한 분노를 느끼게 된다. 어느 날 목이 반쯤 잘린 Giovanni(지오우바니)의 시체가 로마의 티베르 강(River Tiber)에서 발견되었고, Cesare의 짓이라고 수근거렸다. 그 뒤 Cesare는 교황군대의 사령관이 되었다.

알렉산드르교황은 자신이 교황의 자리에 오르는 것을 반대하던 이탈리아의 영주를 벌하고 영토를 넓히고 싶었다. 교황의 군대가 조직되었고 병사와 군비는 막강한 프랑스의 루이 12세가 지원을 했다. 당시 이탈리아의 북부 로마냐(Romagna) 지방은 비옥하고 부유한 지역이었다. Romagna(로우매그너)를 정복하기 위해서는 Florence를 지나가야 했기에 Florence는 길을 터줄 것을 요구받게 되었다.

Machiavelli는 교황군의 군진에 나아가 협상을 벌이게 되었는데 이때가 Machiavelli와 Cesare의 첫 번째 조우였다. Machiavelli가 31세였고 Cesare가 25세가 되던 1501년의 일이었다. 그 뒤 1년이 지나 Machiavelli는 Cesare의 참모가 되어 잠시 동안 그의 곁에 머물게 된다.

당시 로마의 교황군내부에서는 경륜이 풍부한 노장들을 중심

216

으로 젖비린내 나는 청년의 지휘 하에 있는 것에 대한 반감이 있었고, 그 불만이 **인서전시**(Insurgency 반란)로 번질 조짐이 있었다. 어느 날 Cesare는 그 중심에 있던 불만을 가진 4명의 장군들을 만찬에 초대하고 산해진미와 향기로운 술을 대접하며 화

해를 요청하였다. 연회장의 분위기는 화기애애했고 노래와 춤과 미희들이 등장하여 유흥은 절정에 이르렀다. 그때 Cesare가 일어나 슬그머니 자리를 뜨고 그 뒤로 육중한 문이 굳게 닫히자 자객들이 난입하여 끔찍한 대학살(Massacre)의 파티가 시작되었다. 이 장면을 목격한 Machiavelli는 Cesare에게서 **스네어**(Snare 덫)를 피하는 여우의 **커닝너스**(Cunningness 교활함)와 늑대를 물어 죽이는 사자의 힘을 보았다.

정복당한 Romagna의 중심지인 체제나(Cesena)의 민중들은 호락호락하지 않았고 곳곳에서 저항이 일어났다. Cesare는 자신의 부하 중에 라미로 드 로르카(Ramiro D'orco)를 반란을 진압할 책임자로 파견하게 된다. 그는 Cesare가 수족 같이 부리는 자(Henchman)로 잔인하고 인정사정없는 자였다. **섭레션**(Suppression 진압)의 임무를 부여받자 곧바로 대량학살과 약탈이 시작되었고 반란은 곧 평정되었다. 그러나 Cesena의 주민들 마음속 깊은 곳에서는 공포심과 함께 **리젠트먼트**(Resentment 원한)가 싹트고 있었다.

반감이 절정에 달한 어느 날, 새벽 먼동이 트는 시간 Cesena의 시청 앞 광장을 지나던 주민들은 놀라운 광경을 목격하게 된다. 그토록 자신들을 괴롭히던 D'orco(도어코우)의 몸이 이마에서 사타구니까지 두 갈래로 찢어져 양옆의 나무에 걸려있었다. 나무기둥사이에는 시체를 절단할 때 쓴 큰 칼과 톱, 피범벅이 된 **차핑 블락**(Chopping Block 도마)이 놓여있었다. 그 한 중앙에 Cesare가 고개를 숙이고 덩그러니 서 있는데, 그의 눈이 괴기스럽게 빛나고 있었다. 사람들은 공포로 얼어붙는 듯 했지만 곧 함성이 터져 나왔다. Cesare는 빼앗은 재물들을 주인에게 돌려준다.

군주는 잔인해야하고 비도덕적이어야 한다. 그러나 대중에게는 고결한 존재로 비춰져야 한다. 우매한 민중들은 12살짜리와 같아 **어피런서즈**(Appearances 외견)에 좌우되기 때문이다. 더러운 일, 잔혹함을 행해야 할 때에는 그 일을 **데퓨티**(Deputy 대신할 사람)에게 맡겨야 한다. 이상적인 군주는 사랑받아야 하지만 동시에 두려움의 대상이 되어야 한다. 둘 다 가질 수 없다면 두려움의 대상이 되는 것이 훨씬 낫다. 인간은 아버지를 죽인 원수는 곧 잊어도 자신에게 손해를 끼친 인간은 절대 잊지 못한다. 이것이 저질스런 대중의 속성이다. 그러니 민중의 재산에 손대지 말라. 이것이 Machiavelli가 받은 교훈이었다.

사람들은 Cesare Borgia(체이자아레이 보어저)의 흉포함에 치를 떨었지만 Machiavelli는 그에게서 치명적인 매력을 느낀다. 그리고 이상적인 군주(Prince)의 **이피터미**(Epitome 전형)를 그에게

서 보았다. 『군주론(The Prince)』이란 책은 Cesare에 모티브를 받아 쓴 책이다. 책의 실제 제목을 The Prince(더 프린스)가 아니라 Cesare가 한 짓들 이라고 하는 것이 정확할 만큼 책의 대부분이 그의 행적에 대해 채워지고 있다.

이 책은 90페이지밖에 되지 않아 책이라기보다는 **팸플릿**(Pamphlet 소책자)에 가까운데 크게 두 개의 **챕터**(Chapter 장)로 나뉘어 있고, 첫 장은 권력을 잡는 법(How To Get It), 둘째 장은 잡은 권력을 어떻게 지켜나가야 하는가?(How To Keep It)에 대해 서술하며, 둘째 장에 훨씬 많은 비중을 두고 있다.

1503년 악명 높았던 Alexsander(앨릭샌더) 6세가 역병인 말라리아에 걸려 사망하고 Cesare도 같은 병으로 자리에 눕게 되지만 살아났다. 그러나 스페인의 나바레 지방에서 벌어진 **스커미쉬**(Skirmish 소규모전투)에서 사망한다. 1507년 31세의 창창한 나이였다.

그의 형제 중 여동생 루크레치아(Lucrezia)는 역사상 남을 미인이었지만 행실이 나쁜 여자였다. Cesare가 남동생 Giovanni를 살해하여 강에 던진 것은 Giovanni가 여동생에 손댔기 때

문에 자신이 차지할 욕심에 질투 때문이라는 설이 있다. 형제끼리 살육이 벌어진 것에 아버지 Alexander 6세는 불같이 화를 내지만 그도 딸 Lucrezia(루크리서)에게 못된 짓을 한 사람이었다. 정신이 혼미해 질 정도로 막장의 끝판, 콩가루 집안

에서 피에 굶주린 괴물(Bloodthirsty Monster)이 태어난 것이었다. 그러나 Machiavelli에 있어서 Cesare는 유능하고 현실적인 리더였다.

1512년 Medici가 다시 정권을 잡자 자신들을 쓰러뜨린 **컨스피어러시** (Conspiracy 음모)에 가담한 자들을 구속하기 위한 대대적인 소탕작전이 전개되었다. Machiavelli는 음모에 아무 관련이 없었지만 자신들이 유배를 가 있는 동안 벼락승진을 했다는 이유 하나만으로 반역죄(Treason)가 성립되기에 충분한 것이었다. 그는 수배자명단에 7번째로 올랐고 투옥되었다.

16세기 중엽의 이탈리아에서 Treason(트리전)으로 재판에 회부된 자에게 기다리는 것은 두 가지밖에 없었다. **토어처**(Torture 고문)를 받다가 죽임을 당하든지, Torture에 못 이겨 자백하여 사형을 당하든지, 죄가 있고 없고는 그리 중요한 것이 아니었다. 당시 널리 쓰이던 고문방식은 널빤지에 사람을 묶고, 사지에 질긴 로프를 연결해 톱니바퀴로 강제로 몸을 늘이는 랙(Rack)이라는 것이었다. 상상할 수 없는 고통(Torment)이 뒤따랐다. 이 Rack라는 단어는 지금도 영어에서 '괴롭히다', '몸이 비틀리게 하다'의 의미로 널리 쓰이고 있다. 또 스트래파도우(Strappado)라는 것도 있었는데, 양팔의 날개죽지를 뒤로 꺾어 묶고 높이 매달아 올려 허공에서 갑자기 중간 높이로 떨어뜨려 팔이 빠지게 하는 무서운 Torture이었다.

확실한 죽음만이 기다리던 어느 날 **머래컬러스**(Miraculous 기적적 인)한 소식이 날아왔다. 현, 교황이 서거하고 새로운 교황이 선출되었는데 Medici가문에서 나왔고 그가 레오10세(Leo 10) 교황이었다. 성대한 **리조이싱**(Rejoicing 축하연)이 벌어지고 죄인들에 대한 **제너럴 앰너스티**(General Amnesty 대사면)가 단행되었다. Machiavelli는 풀려나 **하우스 어레스트**(House Arrest 가택연금)에 처해졌다.

고향의 그의 집은 자그마한 **비느여드**(Vineyard 포도밭)와 거친 밭으로 된 손바닥만한 땅뙈기가 전부였다. 농사는 지어보지 못했고 육체노동에 적합한 체격도 아니었다. 낮이면 언덕에 올라 우두커니 앉아 있다가 저녁이면 마을의 선술집(Tavern)에서 술을 마시며 동네 건달들과 카드노름을 하며 시간을 보냈다. 그러나 깊은 밤이면 집에 돌아와 호롱불 밑에서 자신의 경험과 통찰을 바탕으로 글을 써 내려 갔다. 그는 자신이 권력의 중심에 있었던 시절을 그리워했고, 다시 권력의 서클에 들어가고 싶어했다.

당시의 Florence는 Medici의 로렌조 대제(Lorenzo Magnificent)라는 젊은 군주가 집권을 하고 있었다. 시중에는 그에게 잘 보여 벼슬을 얻으려는 자들로 넘쳐나고 있었다. Magnificent(매그니퍼선트)는 '멋진', '웅대한', '장엄한'의 뜻을 가진 단어로 위대한 인물의 뒤에 붙는 경우가 많다. Machiavelli의 친구 중에 새정부의 요직에 있는 자가 있어 연줄을 넣어 Lorenzo(러렌조우)

를 알현할 기회를 잡게 되었다. 궁의 앞에는 귀한 명마, 금실로 수놓은 관복, 천하의 보검과 갑옷을 바치겠다는 사람으로 장사진을 이루고 있었다. 초라한 차림의 Machiavelli는 가슴춤에 단한권의 책을 숨기고 자신의 차례가 오기를 기다리고 있었다.

순서가 되자, 품에서 책을 꺼내어 군주로서 세상을 다스릴 자신의 책략이 담긴 비책이라고 하였으나 Lorenzo의 표정은 시큰둥하였다. 그 책이 역사에 남을 명저『군주론(The Prince)』이었지만 Lorenzo는 책의 첫 페이지도 넘겨보지 않았다. 1513년의 일이었고 책은 사람들의 기억에서 잊혀갔다.

Machiavelli는 San Casciano(샌 카스치아노우)에 내려와 쓸쓸한 시간을 보내다 1527년 사망한다. 군주론은 그가 사망한 후 5년이 지나 출간되었지만 곧 교회에 의해 금서로 지정되었고 그는 **앤티 크라이스트**(Anti Christ 적그리스도)로 낙인찍혀졌다.

500년이 지난 지금, Machiavelli가 우리에게 주는 메시지는 우리 모두 스스로 자신의 운명의 Prince가 되라는 것이다. 그러기 위해 운명을 탓하지 말고 극복하여 종속된 삶을 살지 말라는 것이었다. 군주론을 학자들이 정치가들이 여러 가지로 해석하지만 요점은 단 두 단어로 요약할 수 있다.

Get Real!
현실을 직시하라!

축복과 저주가 공존하는 땅
Jerusalem

서양의 관점에서 세계 3대종교는 **주데이이점**(Judaism 유대교), 기독교(Christianity), 이슬람교(Islam)이다. 이스라엘(Israel)과 팔레스타인(Palestine)이 서로 **캐피털**(Capital 수도)이라 주장하는 예루살렘(Jerusalem)은 이 세 종교 모두가 종교적 **클레임즈**(Claims 소유권)를 주장하고 있어 **디스퓻**(Dispute 분쟁)의 화약고로 되어왔다.

Jerusalem(저루설렘)은 **히브루 바이벌**(Hebrew Bible 유대성경)인 **오울드 테스터먼트**(Old Testament 구약)에서 빈번히 등장하고 있다.

이곳은 유대인 **페잇리아아크**(Patriarch 가부장)이었던 아브라함이 외동아들 이삭(Isaac)을 하나님 앞에 제물로 바치려 했던 땅이었다. 아브라함(Abraham)의 손자로 Israel(이즈리얼)이라는 이름을 처음 사용한 야곱(Jacob)은 이 땅은 야훼 하나님(The Load Your God)이 이스라엘 여러 부족 중에서 특별히 하나님의 이름으로 고른 땅이라고 **두터라너미**(Deuteronomy 신명기)에 적고 있다.

뒤에 다윗 왕(King David)의 이스라엘이 수도를 정한 곳이고, 그의 아들 솔로몬이 신전을 지은 곳이기도 하였다. 유대인들이 **다이애스퍼러**(Diaspora 유리하는 자들)가 되어 세계각지를 떠돌 때도 그들은 Jerusalem을 향해 기도를 바쳤던 가슴 아픈 땅이었

다. Diaspora는 나라의 운명이 기구하여 세계에 흩어져 사는 민족을 말한다. 유대인, 중국인 그리고 한국인이 세계 3대 Diaspora들이다.

기독교에 있어서도 Jerusalem은 **누 테스터먼트**(New Testament 신약)에서 예수가 자란 곳이고, 기적을 행한 곳이며 사도들이 선교를 한 곳이며, Jerusalem의 골고다(Golgotha)언덕에서 **크루서파이**(Crucify 십자가에 못 박히다)로 죽은 곳으로 역시 신성한 곳이다. 중세가 되어 기독교도들은 이 신성한 땅을 되찾기 위해 **크루세이즈**(Crusades 십자군 전쟁)를 일으켜 헤아릴 수 없는 수의 이슬람교도들이 목숨을 잃어야 했다.

코란(Quran)에는 선지자 무하마드(Prophet Muhammad)가 메카(Mecca)에서 Jerusalem까지 **미써컬 크리처**(Mythical Creature 신비한 존재)에 들려 **오우버나이트**(Overnight 하룻밤에)에 날아갔으며, 그곳에서 하나님과 **커뮤년**(Communion 교감)하고 마지막 날 **어센드 투 더 헤번즈**(Ascend To The Heavens 하늘로 승천)하였다고 적혀 있다. 7세기 때의 일이다. 하늘에서 하나님은 **리추얼 프레어즈**(Ritual Prayers 기도의식)를 이슬람교도들은 하루에 50번 행하라고 명하는데 Mohammad(모우하메드)가 애원하여 5번으로 줄여졌다고 한다.

오늘날 전 세계의 무슬림이 Mecca(메커)를 향해 5번 엎드려 기도하는 의식 살라트(Salat)는 여기서 유래한다. 기도하는 방향

을 키블라(Qibla)라고 하고, 이전에는 메카가 아니라 Jerusalem
이 기도해야 하는 Qibla(키블러)였다. 또 이슬람 전통에 의하면
지구의 종말이 Jerusalem에서 일어날 것이라하여, 역시 신성한
곳으로 절대 포기할 수 없는 곳이다. 1517년부터 1차 대전이
끝나는 1917년 까지는 이슬람의 오스만트루크(Ottoman Empire)
가 이 지역을 통치해 왔다.

5,000년 이상을 세계 각지에 흩어져 온갖 박해를 받던 유대인
들이 의지할 수밖에 없었던 것은 재물과 학문의 재능이었기에
그들은 노벨상과 세계의 부를 독점했다. 2차 대전 때 유대인
은 연합군에게 전쟁자금을 대고 그 대가로 꿈에 그리던 이스라
엘로 돌아 갈수 있었다. 이 과정에서 이곳에 이미 살던 아랍인
들(Arabs)을 강제로 쫓아내는데, 그들은 총칼에 부모형제를 잃
고 고향을 등져야 했다. 그렇게 증오와 피의 새로운 보복이 탄
생하여 70년이 흘렀다.

역대 미국의 대통령들은 선거 때는 막강한 유대인들의 정치파
워를 의식해 당선하면 Jerusalem을 이스라엘의 수도로 인정하
겠다고 공약했지만 막상 당선되면 그 약속을 지키지 않았다.
아랍의 반발이 두려웠기 때문이었다. 세계 각국도 그들의 대사
관을 Jerusalem이 아니라 텔아비브(Tel Aviv)에 두어 아랍을 자
극하지 않으려 한 게 사실이었다.

그러나 도널드 트럼프(Donald Trump)가 대통령이 되자 지금껏
관례가 되었던 **포런 팔러시**(Foreign Policy 외교정책)를 깨고 2017년
12월 Jerusalem을 이스라엘의 수도로 인정했고 2018년 5월 14

일 미 대사관을 Tel Aviv(텔 아비브)에서 Jerusalem로 옮긴다.

그러자 **에어러브 리그**(Arab League 아랍연합국가)들은 즉각 반발했다. 영국에 급파된 팔레스타인 고위 장성은 미국이 대 아랍 **데클러레이션 어브 워어**(Declaration Of War 선전포고)를 했다고 비난했으며 아랍 각국은 트럼프가 지옥의 문을 열었다(Open The Door Of Hell)고 결사항전을 선언했다.

팔레스타인에서는 현재 저항하는 시위대를 향한 이스라엘의 유혈진압이 벌어져 사망사고가 끊이지 않고 있다. 코란에서 아마겟돈(Armageddon)이 Jerusalem에서 올 것이라고 한 예언이 맞아 떨어질지 두고 볼일이다.

러시아의 신돈 요승(妖僧)

Rasputin

라스푸틴(Rasputin)은 러시아의 300년 로마노프 왕조(Romanov Dynasty)를 멸망으로 이끈 사이비교주, **데벌 인 더 플레쉬**(Devil In The Flesh 사람의 탈을 쓴 악마)로 묘사되며 오늘날까지 그 오명을 이어오고 있다.

한반도가 60개 들어가고도 남는 광활하고 차가운 땅 시베리아(Siberia)는 러시아가 감추고 싶은 모든 치부를 갖다버리는 **덤핑 그라운드**(Dumping Ground 하치장)와도 같은 곳이었다. 범죄자(Criminals), 정신병자, **디서던트스**(Dissidents 반체제인사)들이 끝이 안 보이는 이 **와일드너스**(Wildness 광야)에 끌려와 폐기되었다. 그리고 잊혀졌다.

그 후 이 **배런**(Barren 불모)의 땅 한 쪽 끝에서 한 사내아기가 태어난다. 아이는 자라 소년이 되었지만 몸에 **스패점**(Spasm 경련)이 멈추지 않았고 걸음걸이는 **셔펄**(Shuffle 비척거리고)하고, **틱 디소어더**(Tic Disorder 틱 장애)를 가지고 있었다. 또래와 어울리지도 않았고 마을의 **스테이벌**(Stable 마구간) 주위를 맴돌며 말 근처를 떠나지 않았다. 그런데 신기하게도 병든 말은 소년의 손길이 닿으면 기적처럼 낫게 되고, 말이 도둑맞으면 소년은 족집게처

럼 범인을 알아냈다. 끊임없이 말과 소곤거리는 이 소년을 동네사람들은 말과 속삭이는 사람(Horse Whisperer)라고 부르며 두려워하게 된다. **위스퍼어러**(Whisperer 속삭이다)란 사람이 아닌 동물이나 영혼과 교감하는 사람을 말한다. 그래서 유령과 대화하는 사람을 Ghost Whisperer(고우스트 위스퍼어러)라 하고 개와 감정을 주고받는 자를 Dog Whisperer(도그 위스퍼어러)라 부른다.

소년은 청년이 되어 키가 190cm가 넘었지만 몸은 야위었고 씻지도 않았고 누더기를 걸쳤지만, 그의 눈만은 그 누구도 감히 바라볼 수 없는 광채를 띠고 있었다. 그의 눈은 시베리아의 늑대의 그것처럼 푸르렀고 바이칼호수의 얼음물처럼 차갑게 빛났다. 소년의 이름은 Rasputin(러스퓨틴)이었다.

30세가 되어 결혼을 하고 자녀를 두지만 외톨이(Recluse)의 삶을 살고 있었다. 동네에서 자꾸 말이 사라지자 말 도둑으로 몰린 Rasputin은 몸을 피하기 위해 산속의 **마너스테어리**(Monastery 수도원)로 숨어들어간다. 글을 몰랐던 그는 2년도 채 안되어 어려운 성경과 교리서를 읽어 내리고, 수려한 설교문을 작성하는 **스테럿스**(Starets 동방교회의 교리강사)가 된다. 그곳에서도 동료수행자와 어울리지 못하던 Rasputin은 어느 날 종적을 감추고 더욱 깊은 산속으로 들어가 비밀종교집단인 클리스티교(Khlisty)에 입문하게 된다.

Khlisty(클리스티) 혹은 Khlists(클러스츠스)라고 불리는 이 종파는 기독교의 한 일파(Sect)로 **러션 오어써닥스**(Russian Orthodox 러시아정교)에서 갈리어 나온 사이비(Cult)로, 정통교단으로부터 이단(Heresy)으로 배척되고 있었다. 이들 신도들은 깊은 산중의 **크립트**(Crypt 토굴)에 모여 기도하고 이상한 음료를 돌려 마시고 노래와 춤을 추며 손을 잡고 빙글빙글 돌다가 실신하여 쓰러지는데, 이런 환각의 상태에서 집단섹스(Orgy)의 의식을 하는 **퍼내틱스**(Fanatics 광신적인 사람)들이었다. 그들의 믿음은 육체적으로 **신**(Sin 죄)을 지으면 지을수록 그런 죄로 가득한 몸을 혹독한 **페니텐스**(Penitence 참회)와 고행을 통해 그 죄를 씻어야만 하나님께 가까이 갈 수 있다는 독특한 신앙을 가지고 있었다. Rasputin은 이 사이비교에서 높은 지위를 차지하게 된다.

어느 날 그가 꾸는 꿈에 **버진 메어리**(Virgin Mary 성모 마리아)가 현신하더니 당시 러시아의 수도였던 상트페테르부르크(St. Petersburg)로 가라는 계시를 내린다. 당시의 러시아는 **엠퍼러**(Emperor 황제)가 다스리는 제정러시아로 Romanov Dynasty(로우머노브 다이너스티)의 시대가 나락의 끝으로 치닫던 시기였다. Emperor인 니콜라스2세(Nicholas Ⅱ)는 나약하고 부끄러움을 많이 타는 유약한 자였고 **엠프레스**(Empress 황후)인 알렉산드라(Alexandra)는 영국왕실에서 시집온 외국인 여성으로 러시아어를 못해 국민들에게 인기가 없었다.

또 그녀는 **수퍼스티션**(Superstition 미신)을 좋아하여 무당, 점쟁이, **미스틱스**(Mystics 신비주의자)들을 궁으로 끌어들이고 있었다.

Emperor(엠퍼러), Empress(엠프레스)를 러시아어로는 Tsar(차르), Tsarina(차리나)라고 하는데 영어에서도 자주 쓰는 어휘들이다.

영국의 국력이 절정(Pinnacle)에 달해 전 세계를 지배하던 빅토리아 여왕(Queen Victoria)은 자녀를 여럿 두었는데 이 자녀들은 유럽의 왕실로 혼인을 통해 그 자녀가 전 유럽으로 퍼져나가게 되었다. 하지만 Queen Victoria(퀸 빅토어리어)의 자녀들에게는 그 누구도 알지 못하는 끔찍한 비밀이 있었다. Victoria의 여러 자녀 중 왕자들은 거의 모두 불치병인 **히머필리어**(Hemophilia 혈우병)로 요절하게 되는데 공주들에겐 Hemophilia는 발생하지 않았고, 이 불행의 유전자는 다시 그녀의 아들들로 이어졌다.

러시아의 황후 Alexandra(앨레그잰드러)는 Victoria의 손녀였기에 그녀도 불치병의 **진**(Gene 유전자)을 가지고 있었다. 남편 Nicholas(니컬러스) 2세와의 사이에 이미 4명의 자녀를 두었지만 모두 아기 때 숨을 거두었다. 다섯 번째 아기는 사내아이였는데 Romanov Dynasty의 대를 이을 소중한 아기 알렉세이(Alexei)였다. 그러나 이 아기가 아장아장 걷게 되자 자주 넘어지고, 상처를 입으면 피가 멈추지 않았다. 억지로 지혈을 해 놓으면 피가 피부 내 관절에 고여 썩어가는 **헤머토우머**(Hematoma 혈종血腫)로 발전하여, 왕자는 극심한 고통에 비명을 지르며 몸을 굴렀다.

여느 모성과 마찬가지로 Alexandra의 가슴은 자식의 고통에 타들어 갔다. Hemophilia는 지금도 완치가 어렵고 당시로는 100% 사망에 이르렀다. 그래서 Empress는 더욱더 Superstition

에 의지하게 되고 민간주술에 매달리게 되었다. 당시 그녀의 곁에는 궁궐을 드나들며 요상한 말과 굿으로 황후를 홀리던 박수무당(Charlatan)인 의사 필립(Dr. Philip)이 있었는데 그가 병을 얻어 죽음에 이르자 Alexandra에게 잠시 시간이 흐르면 자신의 뒤를 이을 영험한 도사가 찾아오리라는 예언을 하며 숨을 거둔다.

바로 그 순간 Rasputin은 궁궐이 있던 St. Petersburg(스트릿 피터즈버그)로 먼 길을 떠나게 된다. Virgin Mary의 계시를 받고 수도에 도착한 Rasputin은 곧바로 사람들의 이목을 받게된다. 차갑게 빛나는 깊고 푸른 눈에 일반인, 귀족, 왕족들이 **매그넛**(Magnet 자석)에 끌리는 쇠붙이처럼 모여들었다. Rasputin에게는 환자들에게 강력한 **힙노우서스**(Hypnosis 최면)를 거는 특수한 능력이 있었고, 불가사의하게 병을 고치는 **페이쓰 힐링**(Faith Healing 심령치료)의 힘 그리고 인간이라고는 믿을 수 없는 성적 파워를 지니고 있어 상류계의 부인과의 스캔들이 꼬리를 물고 일어났다.

어느 날 황태자인 알렉세이(Alexei)가 넘어져 다쳐 **블리딩**(Bleeding 출혈)이 시작되었다. 이번엔 사태가 심각했고 의사들은 모두 가망이 없다고 고개를 저었다. 미칠 지경이 된 황후 Alexandra는 수소문하여 Rasputin에게 치료를 부탁하게 된다. 소년의 방에 들어간 Rasputin이 베게 맡에 꿇어 앉아 기도를 하며 상처를 어루만지자 기적같이 Bleeding이 멎고, Alexei(얼렉세이)의 얼굴이 미소가 돌며 깊은 잠에 빠져들었다. 그 뒤 이와 같은 **미러컬**(Miracle 기적)이 여러 번 반복되었고 Alexandra 는 Rasputin을 지옥에서 구세주라도 만난 듯 극진한 대접을 하게 되었다. 무능한 의사들은 두려움과 **엔비**(Envy 시기), 질투 (Jealousy)가 함께 섞인 묘한 감정에 쌓이게 된다.

혈우병(Hemophilia)으로 상처가 나면 피가 멎지 않고 아이는 고통에 몸부림치고 이것을 바라만 보아야만 했던 황후는 완전히 Rasputin의 마법에 빠지게 되었다. 그래서 고마움에 매일같이 감사의 편지를 그에게 보내는데 그 내용이 조금 이상했다. "당신의 손에 키스를 보내며"로 시작하는 이 편지는 "나의 머리를 당신의 어깨에 기대고 잠들고 싶다"로 끝나고 있었다. Rasputin 은 이 내용을 마음대로 고쳐 더욱 야한 문장의 위조편지를 만들어 술집이나 각종 **설란**(Salon 모임)에서 자랑하고 다녔다.

온 러시아에 황후가 Rasputin의 **퍼래모어**(Paramour 정부)라는 소문이 돌게 되었다. 비밀정보기관 KGB의 전신이 된 비밀경찰들이 붙어 Rasputin에 대한 보고문이 황제에게 보고되었다. 어느 날 술집에서 접대부를 끼고 술에 만취한 그가 갑자기 일어나더니 테이블에 올라 가 바지의 지퍼를 열어 자신의 성기를 꺼내, 한 손으로 잡고 빙글빙글 돌리며 소리치는 것이었다. 이것을 바라보던 사람들은 도저히 사람의 것이라고 상상이 안 되는 그 크기에 경악을 금치 못하였다. 이 사건도 그대로 Tsar에게 보고되었다. 창피해진 니콜라스2세는 Rasputin을 시베리아(Siberia)로 **에그자일**(Exile 유배)을 보내버린다.

1912년 **로열 패밀리**(Royal Family 황실의 가족)는 당시 러시아의 영토였던 폴란드로 휴가를 가게 되었는데 Alexei가 호수에서 보트에 올라 장난치다가 넘어져 큰 상처를 입었다. 피가 멈추지 않았고 모든 의사들은 이번에도 가망이 없다고 마음의 준비를 하라고 말하였다. 황태자의 사망을 알리는 **불리턴**(Bulletin 속보)이 준비되고 교회에서는 죽음을 앞둔 자에게 베푸는 **래스트 새크러먼트**(Last Sacrament 종부성사)가 진행되었다. 아들을 살리기 위해 필사적이 된 Alexandra는 수 천 킬로 떨어진 Siberia(사이비어리어)로 전보를 보내 Rasputin에게 도움을 청하였다.

이 전보가 전해지자 **머래컬러슬리**(Miraculously 기적처럼)하게 소년의 상태가 회복되었다. 이번에 복귀한 Rasputin은 황실의 절대적 신임을 받게 되었다. 그는 궁에 드나들며 공주의 가정교사와 시녀들을 강간하여 벌을 주자고 해도 직언을 하는 이는 모두 해고되어 간신들만 판을 치게 되었다.

1914년 제 1차 대전이 발발하고 러시아는 독일과 전쟁을 하게 되는데 연전연패를 거듭하여 2년이 안되어 150만 명이상의 전사자가 나오게 되었다. 차르(Tsar)가 직접 전선에 나가 지휘를 하게 되었고 내정은 황후가 맡게 되었다. 그녀는 모든 문제를 Rasputin과 상의하게 되고 사실상 모든 국정은 그의 손아귀에 넘어갔다. 바른 말을 하는 충신은 모두 제거되었고 무능하고 부패한 장관들로 **캐버닛**(Cabinet 내각)이 채워졌다.

감투를 쓰기를 원하는 사람들이 돈 보따리를 들고 Rasputin의 곁에 모여들었다. 일부에서 Rasputin을 없애야한다는 계획이 진행되었다. 황제 니콜라스2세의 여조카인 이리나 공주

(Princess Irina)는 미모가 뛰어난 여성이었는데, 그의 남편인 펠릭스 유수포프(Felix Yusupov)는 겉으로는 멀쩡해 보였지만 밤이면 **트랜즈베스타이트**(Transvestite 여성의 속옷으로 갈아입는)로 남자와 관계를 맺는 **호우모우섹슈얼**(Homosexual 동성애자)이였다. 어느 날 사석에서 만난 Yusupov(유수파브)에게 "너는 호모다. 나는 그런 변태 같은 당신이 싫다"라고 Rasputin은 직격탄을 날린다. 자신의 비밀을 꿰뚫어 보는 Rasputin에게 Yusupov는 두려움과 함께 모욕감을 느끼고 **그러지**(Grudge 앙심)를 품게 된다. 당시 Rasputin은 아름다운 Irina(이어러너)에게 어두운 마음을 품고 자신의 여자로 만들 기회를 노리고 있었다.

어느 날 Yusupov는 Rasputin을 자신의 저택으로 초청해 잔치를 열어주겠다고 말한다. 아름다운 Irina도 볼 겸, 간음을 저지를 마음에 Rasputin은 얼씨구나 하고 초대에 응한다. Yusupov는 의사와 상의하여 치사량의 **사이어나이드**(Cyanide 청산가리)를 케익과 술에 타게 하였다.

육욕에 눈이 먼 Rasputin은 독이 든 술과 음식을 마음껏 먹지만 2시간이 지나도 멀쩡했다. 초인간이라는 소문이 사실일지도 모른다는 두려움에 Yusupov는 밖으로 나와 **피스털**(Pistol 권총)을 들고 떨리는 걸음으로 들어와 Rasputin의 이마와 가슴에 두 발의 탄환을 쏘았다.

그러나 더욱 놀라운 것은 그래도 그는 죽지 않았고 비틀거리며 밖으로 나갔다. 같이 암살을 음모한 **어캄플러서즈**(Accomplices 공범)들이 따라 나가 곤봉으로 머리를 무자비하게 **블러전**(Bludgeon 내려쳤다) 했다. 그러나 그는 악마 같은 인간임이 사실이었다. 끝까지 숨이 붙어 도망가는 그를 향해 Pistol이 난사되었고, 쓰러진 그의 몸은 널빤지에 묶여 차가운 근처 강에 버려졌다.

3일후 시체를 끌어 올려보니 나무판을 손톱으로 긁은 자국이 있었다. 물밑에서도 한참을 살아 있었다는 증거였다. 시체를 묻기 전 어떤 호기심 많은 자가 Rasputin의 성기를 잘랐는데 23cm나 되었다.

러시아는 전쟁에 패하고 배고픔과 추위에 떠는 민중들이 식량폭동(Bread Riot)을 일으키자 이 기회를 타 블라디미르 레닌(Vladimir Lenin)의 볼셰비키혁명(Bolshevik Revolution)이 일어나 공산정권이 세워졌다. 혁명군들은 황제와 황후, 네 명의 공주들 그리고 어린 Alexei를 지하실에 끌고 가 총살한다. 왕조가 끝나자 Rasputin의 묘는 파헤쳐지고 백골이 토막이 나 불태워졌다. 국정을 농단한 한 요망한 승려가 300년 로마노프왕조(Romanov Dynasty)의 종말을 불러 온 것이다.

여제가 되었던 애마부인

Catherine The Great

그녀는 외국인으로서 러시아의 황실에 시집가 남편을 살해하고 스스로 여황제가 되었다. 그녀는 제국의 영토를 확장하여 소련이 냉전시대 강대국이 되는 기초를 닦았다. 그녀는 문화와 예술을 진흥시켜 변방의 러시아를 문화강국으로 탈바꿈시켰다. 그녀는 34년의 재위기간 동안 공식적으로 22명의 연하의 애인들(Paramours)을 두었고, 남성 경력은 **메너파우즈**(Menopause 폐경기)가 되어 60이 넘자 더욱 왕성해져 갔다. 중년 이후에 젊은 남자들과 장난으로 연애하는 여성을 **쿠거**(Cougar 암표범)라 한다. 그녀는 죽어서 원조 애마부인(愛馬婦人)의 전설이 되었다. 훗날 거짓으로 밝혀지지만 침대에서 말과 함께 죽었다는 이야기는 충격과 함께 소름이 돋게 만든다. 그녀는 그 누구도 살지 못했던 파란만장하고 **인트리그**(Intrigue 음모)와 **패션**(Passion 격정)에 찬 삶을 살았다. 할리우드의 제작자와 감독들의 영감(Inspiration)을 자극하여 그녀의 인생은 뼈대가 바뀌고 살이 붙여지고 또 다른 살이 붙여져 실지와는 다른 모습으로 흥미롭고 또 기괴하게 바뀌어져 갔다.

1730년대 러시아는 엘리자베스 황후(Empress Elizabeth)가 다스리고 있었는데 대를 이을 사내아이가 없었다. 그래서 Elizabeth(일리저버쓰)는 독일로 시집간 여동생의 아들 표트르(Peter)를 Russia로 데려와 **그랜드 둑**(Grand Duke 황태자)로 삼았다. Duke(둑)은 '왕자'를 말하며 Grand(그랜드)는 '크다'의 의미이다.

조카가 16세가 되자 독일의 조그마한 지방의 공주였던 15세의 소피아(Sophie)를 러시아(Russia)로 불러들여 결혼을 시킨다. 신혼의 어린 부부는 당시 러시아의 수도였던 상트페테르부르크 외곽의 페테르고프(Peterhof)라는 **캐설**(Castle 성)에서 신접살림을 꾸미게 되었다. Peterhof는 러시아의 베르사유(Versailles)라고 불리는 호화롭고 아름다운 성이었다. 그녀는 15세 그 이후 단 한 차례도 Russia(러서)를 떠나지 않는다.

Sophie(소우피)는 **아번**(Auburn 고동색)의 머리칼을 가졌고 자그마한 키에 예쁘지는 않았지만 교양과 기품이 있었고, 타인에 대한 배려가 깊은 소녀였다. Sophie는 이름을 러시아식으로 예카테리나(Catherine)로 바꾸고 종교도 독일의 루터교에서 러시아 정교(Russian Orthodox)로 개종(Conversion)하였다. 그리고 러시아어 공부도 열심히 하여 유창한 러시아어를 구사하게 되었다. 당연히 러시아국민들 사이에서 인기가 높아만 갔다.

반면 어린 신랑 표트르(Peter)는 한가한 시간이면 싸구려 소설

(Trash Novel)이나 읽고 잠이나 잤지만 Catherine는 늘 철학이나 역사, 정치서적(Political Writings)을 읽어 내심 지도자로서의 소양을 키워나갔다. 이 어린부부는 애초에 수준에 차이가 나 대화도 되지 않았고 둘은 물과 기름처럼 겉돌기만 하였다. 둘의 결혼은 신혼 때부터 삐걱거리기 시작했다. 밤이면 신부를 2층 방에 내버려두고 신랑은 아래층에서 친구들과 뛰놀기 바빴다.

Peter는 군대나 전쟁터는 근처에 가본적도 없으면서 늘 군복을 입고 다니며 장난감병정(Toy Soldiers)을 모아놓고 전쟁놀이만 하는 철부지였다. 어느 날 자신의 Toy Soldiers(토이 소울저즈)의 목을 쥐들이 갉아먹어 화가 난 Peter는 신하를 시켜 쥐를 잡아오게 한 후, 작은 교수대(Gallows)를 만들어 쥐의 목을 매달아 새색시의 방에 전시하였다. 그리고는 소스라치게 놀라는 Catherine를 보고 깔깔거리며 즐거워하는 유치한 사내아이였다. 둘은 **칸서멋**(Consummate 합방)도 못했다. Consummate이란 단어는 '완성하다'가 원뜻이지만 '첫날밤 성교를 함으로서 결혼을 신성한 것으로 하다'라는 이상하지만 아주 어려운 고급단어이다.

독수공방의 밤이 늘어날수록 밤은 **나잇메어**(Nightmare 악몽)로 변해갔다. Catherine는 승마에 대한 사랑이 유별났고, 스트레스를 말을 달리면서 달래게 된다. 산으로 들로 해변을 달리며 차라리 낙마하여 목이 부러져 **데쓰 위쉬**(Death Wish 죽기 바라는)의 심정이 되었다. 당시 여성이 황실에 시집가면 아들을 낳아야

238

하는 의무가 있었고, 아기를 낳지 못하는 여성은 비참한 말로를 밟아야만 했다. 철부지신랑이 그 일을 못해준다면 그녀 스스로 뭔가라도 해야 했다. 그녀는 주위의 신하 중 군대의 장군이었던 세르게이 솔티코프(Sergei Saltykov)와 정을 통하게 되어, 드디어 아들을 낳지만 아기는 낳자마자 Elizabeth에게 보내져 그녀는 자신의 아기를 품에 안아 보지도 못한다. 그것이 그녀에게 깊은 한으로 남았다. 그러던 중 그녀가 32세가 되던 1761년 마침내 Elizabeth가 서거하여 남편 Peter가 황제로 즉위하여 표트르3세가 된다.

둘은 무늬만 부부일 뿐 애정은 전혀 없었고, 서로 정부(Paramour)를 두고 간섭하지 않기로 묵인해주고 살고 있었다. 그때 Catherine의 정부(情夫)는 군인이었던 그레고리 올로프(Grigori Orlov)였다. 그는 건강하고 활발한 성격을 가져 주위의 존경을 받았고 그의 형제들은 모두 높은 지위의 군인들이었고 그들은 수도와 황실을 경호하는 황실경비대(Imperial Guard)의 사령관이라는 노른자위 보직을 가지고 있었다.

막 황제가 된 Peter는 Peterhof에 있는 Catherine에게 수도인 St. Petersburg로 올라오라는 명령을 내린다. 그녀가 올라오면 체포하여 **칸벤트**(Convent 수녀원)에 있는 감옥에 가두어 평생 햇빛을 못 보게 할 작정이었다. 이대로 앉아서 당할 수 없는 일이었다. Catherine가 상경하던 날 밤, 애인이었던 Orlov는 경비대의 심복을 움직여 Peter를 체포하여 깊은 **던전**(Dungeon 지하 감옥)에 감금해 버린다.

그녀는 상경하는 길에서 당시 프랑스의 최고의 헤어드레서였던 미셸(Michelle)이라는 미용사를 만나게 되었고 길에서 멋진 올림머리를 하고 최고급 의상으로 갈아입은 후, 눈부신 모습으로 대중 앞에 서 모두를 깜짝 놀라게 만든다. 이미 국민들에게 신망이 높았던 Catherine는 총 한 방 쏘지 않고 피 한 방울 흘리지 않고 여황제의 자리를 차지한다. **블러들러스 레벌루션**(Bloodless Revolution 무혈혁명)이 일어난 것이다. Catherine는 즉위 후 몇일이 지나자 애인을 시켜 옥에 갇힌 어린 남편의 목을 졸라 살해하는데, 그가 즉위한 지 6개월만의 일이었다. 새 황제의 사망소식은 즉각 발표되었고, 사인은 혈우병(Hemophilia)에 의한 것으로 공표되었다. 당시 유럽의 왕실들은 오랜 시간 동안 **인터메어리지**(Intermarriage 근친결혼)에 의해 불치의 병이 유행되었고 Hemophilia(히머필리어)는 가장 흔한 사망의 원인(Cause Of Death)이었다. 어차피 인기도 없던 Peter 3세의 죽음에 신경을 쓰는 이들은 아무도 없었고, 젊은 황제는 그렇게 쓸쓸히 역사의 뒤안길로 사라져 갔다.

애인 Orlov의 도움으로 남편 표트르3세를 살해한 Catherine는 압도적 지지로 로마노프 왕조(Romanov Dynasty)의 8번째 황제 예카테리나2세(Catherine Ⅱ)가 되었다. 여황제(Tsarina)가 된 그녀는 더욱더 공부에 매진하고 국정을 올바르게 이끌기 위해 전력을 기울인다. 당시 대다수의 민초들은 **노우블레스**(Noblesse 귀족)의 땅을 빌어 생산한 **프로우두스**(Produce 농산물)의 대부분을 바치고 겨우 입에 풀칠이나 하는 **서프**(Serf 농사짓는 노예)나 다름

없는 삶을 살았고, 이런 불평등과 억압을 당연한 것으로 여기며 체념하며 살고 있었다. 이때 프랑스를 중심으로 인권(Human Right)이니, 평등이니 하며 법에 의한 재판 등을 주장하는 사상들이 고개를 들기 시작했다. 이런 혁명적인 생각을 계몽주의(Enlightenment)라 하는데 대표적으로 몽테스키, 볼테르(Voltaire), 장 자크 루소(Rousseau) 같은 대철학자들이 나타났다. Catherine는 이들의 책을 심취하여 읽은 후, 이런 사상에 깊이 빠지게 된다. Voltaire, Rousseau 같은 학자들은 직접 러시아로 초빙하여 개인강의를 받기도 했다.

마침내 그녀는 자신의 정치철학이 담긴 총 22개의 장(Chapter)으로 된 칙령을 발표하게 된다. 이 칙령을 러시아어로 Nakaz라고 불렀다. 그중에 10장에는 살인이나 절도, 강간 같은 형법을 다루고 있었다. 당시의 수사방법은 주로 고문(Torture)에 의한 자백에 의해 유무죄가 결정되었다. 따라서 가혹한 Torture(토어처)에 못 이겨 거짓자백을 하고 억울하게 처형되는 경우가 허다하였다. Catherine는 취조과정에서 가혹행위를 금지시키며 이렇게 적고 있다.

"모든 사람은 유죄가 밝혀지기 전까지는 하나님 앞에 무죄이다."
오늘 날 너무나 당연시되고 있는 **프리점프션 어브 이너선스**
(Presumption Of Innocence 무죄추정의 원칙)인 것이다. Presume(프리줌)은 '추정하다'의 뜻으로 명사형인 Presump tion(프리점프션)은 '추정'을 의미한다.

또 19장에서는 교육에 관한 견해를 밝히고 있는데 사내아이 계

집아이 할 것 없이 누구 나 **컴펄서리 에저케이션** (Compulsory Education 의무

교육)을 받아야 한다고 명시하고 있다. 학교에서의 **코어퍼럴 퍼 니쉬먼트**(Corporal Punishment 체벌)도 금지시켰다.

이런 혁신적인 사상은 당시 선진국이었던 영국, 프랑스에서도 시행할 엄두도 못 내고 있었다. 당시 유럽은 러시아를 미개하 고 거친 야만의 땅, **배쿼터**(Backwater 변방)로 보고 업신여기고 있 었는데 Russia를 바라보는 강대국들의 시선이 바뀌는 계기가 되었다.

그녀가 즉위 후 얼마 안 된 때의 일이었다. 자신의 집무실로 돌 아오던 Catherine은 근위병이 쪼그리고 앉아 책을 읽고 있는 것을 목격하게 된다. 벌을 받을 까 떠는 병사를 달랜 후, 이틀 후 명을 내려 궁 안에 도서관을 지을 것을 명령했다. 그리고 광 대한 영토에서 들어오는 세금의 20퍼센트를 유럽의 미술품과 조각, 서적들을 사들여 방대한 예술품을 전시할 박물관을 짓는 데, 그 길이가 10km에 이르렀다. 이 박물관이 그 유명한 인류 문화의 보고(寶庫), 러시아의 자랑 에미르타주 박물관(Hermitage Museum)이다.

Catherine은 국정에 힘쓰는 한편 남자관계도 복잡했다. 그녀 가 즉위하는 데 있어서 일등공신이었던 애인 Orlov는 건장한 사내였으나 대화상대가 되기에는 지적능력이 부족하였다. 둘 의 관계가 멀어진 사이를 군대의 고위 장교였던 그레고리 포템킨(Grigori Potemkin)이란 자가 비집고 들어오게 된다. Potemkin은 기골이 장대하고 거칠 것 없는 호방한 성격의 멋진 사내였다. 키가 작았던

Catherine는 Potemkin에게 키스를 하려면 뒷꿈치를 한껏 들어올려야 했다. Catherine는 난생처음으로 진정한 사랑을 느끼며 그에게 깊이 빠지게 된다. 그녀는 차가운 겨울 맨발로 남몰래 궁을 빠져나가 그의 성으로 찾아가 밀회를 하고 하루가 멀다고 사춘기 소녀 같은 러브레터를 보내기도 했다. 그러나 이런 Potemkin도 그녀의 이상하리만큼 강한 **러바이도우**(Libido 성적욕구)를 충족시킬 수 없었다.

Catherine는 여성들의 극히 일부에서 나타나는 하루라도 빼지 않고 매일 밤, 밤새도록 섹스를 요구하는 **님포우메이니액**(Nymphomaniac 색정광)이었다. Nymphomaniac란 단어는 그리스어에서 '신부', '새색시'를 나타내는 Nymph(님프)와 '미치광이'란 Maniac(메이니액)의 합성으로 '미친 새색시'가 그 의미이다.

그녀의 욕구는 나이가 들수록 커져갔고 낮에는 일에 파묻혀 녹초가 된 후 밤이 되면 색녀(色女)로 돌변하였다. 이런 욕구를 감당하기 어려웠던 Potemkin은 자신스스로 어리고 잘생긴 청년을 골라 Catherine에게 소개시키기 시작했는데 그 수가 7명에 이르렀다.

Catherine는 사귀던 남성들과 헤어지게 되면 거대한 저택과

막대한 현금과 넓은 토지 그리고 1,000명이 넘는 하인들을 선사해, 그녀의 주위에는 건강하고 젊은 미남들이 간택을 받기 위해 줄을 서고 있었다. 그러나 그 중에서 Catherine이 가장 사랑했던 애인은 51세 때 만난 20세의 알렉산드르 란스코이(Alexander Lanskoy)였다. Lanskoy는 Potemkin에 의해서 발탁되었는데 Catherine는 이 젊은 애인을 진정으로 사랑했다. Lanskoy에게 줄을 대어 벼슬을 사려는 사람들도 생겨났다. 청년은 여제를 사랑했지만 자신을 천거해 준 Potemkin에게도 깊은 존경을 지니고 있었다. 셋은 한 집에서 살고, 잠도 한 방에서 한 침대에서 잤다. **하아드 코어**(Hard-Core 노골적인 성관계)적인 기괴한 동거였고 이러한 동거형태를 아주 어려운 말로 **메너지 에이 트와**(Menage A Trois 삼자 동거)라고 하는데 영, 미인들 중에서도 아주 지식인이 아니면 잘 모르는 고급어휘이다.

그러나 이 청년은 24세의 나이에 피를 토하며 요절하고 만다. Lanskoy는 Catherine가 주는 온갖 금은보화와 청탁으로 들어오는 거액의 뇌물도 물리치고 오직 Catherine에 대한 사랑만으로 봉사의 삶을 살다갔다.

어린 애인의 요절은 여제의 가슴에 깊은 상처로 남았다. Potemkin은 Catherine를 위하여 영토를 넓히는 전쟁을 수행해 나갔다. 아래로 폴란드를 복속하고, 터키로부터 **크라이미어**(Crimea 크림반도)를 빼앗아 흑해를 통해 **메더터레이니언 시**(Mediterranean Sea 지중해)를 지나, 전 유럽으로 나아 갈 발판을 놓았다. 여황제(Empress)의 오른 팔로, 가장 사랑받는 애인으로 직무에 충실한 충신으로 살았던 그는
정복전쟁 중 동유럽의 몰도바에서
열병(Fever)에 걸려 사망하였다. 임종
의 순간 그의 손에는 옛날 Catherine
가 보낸 연애편지가 쥐어져 있었고,
그 편지는 마지막 흘린 그의 눈물
로 번져있었다.

두 남자의 죽음은 Catherine의 몸과 마음을 갉아먹어 깊은 슬
픔의 노년을 보내게 된다. 60이 넘어 마지막으로 만난 남자는
40살 이상의 차이가 났는데 어리석고 사치만 일삼는 **지걸로우**
(Gigolo 제비족)이었다. Gigolo는 돈을 노리고 여자와 사귀는 '제
비'를 지칭하는 낱말이다.

그녀는 러시아를 34년 간 다스렸는데 역대 최장기의 기록이었
다. 1796년 사망하는데 그녀의 죽음에 대해서는 반대파의 의한
비열한 소문으로 가득 차 있었다. 자신을 만족시키는 남자를
찾지 못해 말과 침대에서 뒹굴다 깔려 죽었다던지, 화장실에서
용변을 보던 중 사망했다라는 등등. 나중에 이 모든 것은 그녀
의 명예를 더럽히기 위한 비열한 헛소문으로 밝혀진다. 정확한
사인은 **서리브럴 헤머 헤이지**(Cerebral HemorrHage 뇌출혈)에 의한
사망이었고 향년 67세 였다.

판도라가 탄생한 이유

Misogyny

성경 **제너서스**(Genesis 창세기) 첫 페이지 첫 구절은 이렇게 시작한다.

"태초에 하나님이 천지를 창조하시니라. 첫째 날에 빛이 있으라 하시니 빛이 있었고, 그 빛이 하나님이 보시기에 좋았더라(God Saw That And It Was Good), 둘째 날 물과 물 사이에 **볼트**(Vault 궁창)을 두어 하늘과 땅을 만드시고… 그리고 다섯 날에 걸쳐 세상의 모든 만물을 창조하시고 엿새 째 하나님의 형상을 따 인간을 만들어 모든 생명과 사물을 다스리게 하셨다."

Vault는 둥근 천장이 있는 큰 창고를 가리키는데 은행의 대형 금고도 Vault라 한다. 하나님은 자신이 창조한 모든 것을 보고 무척 흡족해 하신다. 각 날이 마무리 될 때마다 "It Was Good"이라는 구절을 여섯 번이나 반복하신다. 특히 마지막 날 "자신이 지으신 모든 것을 둘러보고(And God Saw All That He Has Made)" 대단히 기뻐하시며 이렇게 말씀하신다. "좋아! 좋아! 아주 좋아!(It Was Very Gooo~~D)"

그러나 아담이 혼자 외로이 지내는 것을 보고 하나님이 보시기에 좋지가 않았다(It's Not Good For The Man To Be Alone)고 성경에 적혀있다. 성경에서 하나님
이 '보기에 좋지 않다'고 하
신 것은 처음이었다. 그리
하여 아담을 잠들게 하신 후
리브(Rib 갈비뼈)를 하나 꺼내,
그 뼈로 여자를 만든 후, 에덴동산에 살게 하셨다.

여기서 우리는 깊은 의문에 빠지게 된다. 여자가 존재하는
이유(Raison D'etre)는 무엇인가? 여자는 단지 남자의 외로움
(Loneliness)을 달래주기 위해 창조된 것일까? 어쨌든 성경은 인
간에게 **로운리너스**(Loneliness 외로움)는 아주 좋지 않은 것이라고
말한다.

기독교의 관점에서 보는 **맨카인드**(Mankind 인류)의 역사는 죄의
역사이다. 처음에 **템테이션**(Temptation 유혹)이 있었다. 하나님이
금하신 금단의 열매(Forbidden Fruit)가 에덴의 한 중앙에 심어져
있었다. 이때 뱀(Serpent)이 나타나 이브를 유혹한다.

"이 열매를 따 먹으면 **구드 언드 이벌**(Good And Evil 선과 악)을 구
분하는 하나님과 같은 **위즈덤**(Wisdom 지혜)이 생길 것이다."

이브는 Temptation에 넘어가 열매를 따먹고 마는데 인간에게
어이저널 신(Original Sin 원죄)이 탄생하는 순간이었다. Original
Sin는 최초의 여자로부터 시작되었고 여자는 죄의 원인을 제공
한 **시덕트러스**(Seductress 유혹하는 요부)였다.

다음에 **루드너스**(Lewdness 음란)와 **포어니케이션**(Fornication 간음)
이 있었다. 동산에서 아담과 이브는 실오라기 하나 걸치지 않

고 알몸으로 살았다. 아기처럼 죄가 없는 순백의 영혼이어서 부끄러움을 몰랐기 때문이었다. 먹어서는 안 될 과실을 따 먹은 후, 자신들이 벌거벗은 것을 알았고 **피그 리브즈**(Fig Leaves 무화과 잎)로 몸의 가운데를 가린다.

그런데 왜 하필이면 수많은 나뭇잎 중에서 무화과(Fig)의 잎(Leaf)인 것일까? Fig Leaves가 사람의 손과 꼭 닮았기에 손으로 치부를 가린 것으로 은유했다고 보는 신학자도 있다. 그러면 왜 음부를 가린 것일까? 어린 애들은 거짓말을 하다가 들키면 입을 가리고, 몰래 뭔가를 먹다가 걸리면 입을 가린다. 치부를 가린 것은 몸의 한 가운데로 죄를 지었음을 나타낸다고 학자들은 말한다. 심오한 성경을 미미한 인간이 자의적으로 해석하는 것은 대단히 **블래스퍼머스**(Blasphemous 불경스런)한 일이다. 분명 어딘가 신의 깊은 **프라버던스**(Providence 섭리)가 숨어 있을 것이다. 다음에 살인이 있었다. 아담과 이브는 카인(Cain)과 아벨(Abel)

을 낳지만 하나님이 동생만 총애하자 질투에 사로잡힌 Cain이 Abel을 돌로 쳐 죽인다. 다음에 거짓말이 있었다. 하나님이 Cain에게 물었다.

"너의 동생이 어디에 있느냐? Abel의 울부짖는 소리가 땅속에서 내 귀에 들린다."

그러자 형의 뻔뻔한 대답이 나온다.

"모릅니다. 내가 내 동생을 지키는 자이니오니까?"

248

기독교에서 인간은 모두 하나님 앞에서 죄인이다. 세상에 죄 없는 사람은 없다. 이 죄는 여자인 이브로부터 비롯되었다고 서양에서는 믿어져왔다. **퍼스트 커린씨언즈**(First Corinthians 고린 도전서) 14장 33절에는 "여자는 교회에서 말을 해서는 안된다"고 명시되어 있다. 요즘은 일부 교파에서 여성 목사분이 간혹 있지만 아직도 그 수가 턱없이 적은 것은 이런 편견 때문이다. 이슬람의 코란에는 여자는 남자의 등골을 빼는 존재라 적혀있다.

그리스 신화를 보면 태초에는 남자들만 살았고 세상은 평화로웠다. 그러나 프로메테우스(Prometheus)가 신들에게서 불을 훔쳐 인간에게 주어 사람들이 편한 삶을 사는 것을 보고 제우스는 불같이 화를 낸다. 그래서 인간을 벌하기 위해 인류 최초의 여자인 판도라(Pandora)를 만들고 **팬도어러즈 박스**(Pandora's Box 불행한 것이 든 상자)를 인간에게 보내게 된다. 서양의 사고로 보면 여자는 단지 남자의 노리개이며 인류를 죄악으로 빠뜨린 죄인이다.

미국에서 여성의 **서프리지**(Suffrage 투표권)는 1920년이 되어서야 비로소 인정되어졌다. 영국의 남성들은 바깥에서는 고상하게 신사처럼 행동하지만 가정폭력(Domestic Violence)은 빈번하게 일어난다고 보고되고 있다. 근대에 들어 여성의 인권이 향상되고 여성의 사회진출이 늘어나고 있지만 아직도 갈 길이 멀다. 오히려 여성에 대한 **헤이트 크라임**(Hate Crime 혐오범죄)은 늘어나고 있는 추세이다. 그 근본에 철저한 **미저지니**(Misogyny 여성혐오)

가 깔려있다.

Misogyny는 원어민들도 잘 모르는 어려운 단어였지만 근래는 자주 듣는 낱말이 되었다. 그리고 위에 나온 단어 중에 '투표권', '참정권'이란 Suffrage(서프리지), 남녀가 몰래 만나 '간음을 저지르는' Fornication(포어니케이션) 같은 것은 어렵지만 중요한 어휘들이다. '가정폭력'이란 Domestic Violence(더메스틱 바이얼런스)는 아주 많이 쓰이며 줄여서 DV라고도 한다. '여성참정권'은 Women's Suffrage(위먼즈 서프리지)라 한다. 그리고 '불경스런', '모독스러운'이란 형용사는 Blasphemous(블래스퍼머스)라 하고, 명사형은 Blasphemy(블래스퍼미)라 하는데 외워두기를 권한다.

사람의 눈에는 안 보인다
Mind-Boggling

영어에 아주 많이 쓰는 단어에 Overwhelm(오우버웰므)이라는 것이 있다. 주로 수동태로 사용되어 '(격한 감정에) 휩싸이다', '(넘쳐나는 일에) 어찌 할 바를 모르다'의 뜻이다.

She Was Overwhelmed By Feelings Of Guilt
그녀는 죄책감에 휩쌓였다.

I Was Overwhelmed By All The Letters And Flowers Of Support I Received
나는 쏟아지는 편지와 꽃의 성원에 정신을 차릴 수가 없었다.

이와 비슷한 형용사로 Mind-Boggling(마인드 바걸링)이라는 것이 있는데, **와일들리 컨퓨징**(Wildly Confusing 크게 혼란스런), **스타아틀링**(Startling 놀래키는)의 뜻이다. 하이픈(Hyphen)을 생략하고 Mindboggling이라고 표기하기도 한다. 이 낱말의 어원은 옛 중세영어의 단어 Bugge(버그)에서 온 것으로 Bugge는 '눈에 안 보이는 유령 혹은 괴물(Invisible Ghost Or Monster)'을 말하였다.

이 Bugge는 사람의 눈에는 보이지 않고 짐승의 눈에만 보인다고 여겨졌다.

평소와 다르게 개나 고양이가 행동하거나 놀라는 모습을 보이면 이것은 Bugge를 보고 있는 것이라고 생각되어졌다. Bugge를 직접 본 짐승의 **마인드**(Mind 마음)는 크게 혼란스러웠을 것이 틀림없어 Mindboggling라는 낱말이 나왔다.

An Army Of Experts Is Using Powerful Software To Sift Through The Mind-Boggling Amount Of Information
일단의 전문가들이 강력한 소프트웨어를 사용하여 놀라 자빠질만한 양의 정보를 처리하고 있다.

정해진 운명을 사는 사람

LWOP

우리나라를 비롯한 세계 대부분의 나라에서 형법(Criminal Law) 은 죄인의 교화에 그 목적을 두고 있다. 그래서 죄를 뉘우치고 **페니티트**(Penitent 개전의 정을 보이면)하면 예상보다 현저히 가벼운 처벌이 내려지는 경우가 종종 있다. 그래서 감옥을 교도소 (Penitentiary)라고 부르고 있는 것이다. 그러나 미국의 Criminal Law(크리머널 로)는 범죄자들에 대해 **퓨너티브**(Punitive 응징적)하고 **리탤러토어리**(Retaliatory 보복적)어서 엄한 형벌이 내려진다.

폭행, 강도, 강간, 살인 같은 중범죄(Felony)는 아주 가혹하게 다루고 있다. 특히 누군가를 고의로 살인할 경우에는 1급 살인이라 해서 대개 **라이프 센턴스**(Life Sentence 무기징역)나 **데쓰 페널티** (Death Penalty 사형)에 처해지는 것이 보통이다.

종신형인 Life Sentence에는 '가석방의 가능성이 없는 무기징역(Life In Prison Without Parole)'이 있는데 간단히 머리문자로 LWOP이라 하는 것으로 말 그대로 '감옥에서 죽도록 선고한 (Condemned To Die In Prison)' 엄한 처벌이다. 사형이나 LWOP 모두 교도소(Prison)에서 죽는 것은 공통점이 있으나 LWOP는 사형에 비해서 더 가혹하고 비용이 많이 드는 제도이다. 미국은 범죄율이 높고 형기도 길어서 교도소는 늘 **인메잇스**(Inmates 재소자)들이 **크라우더드**(Crowded 과밀)인 상황이다. Prison(프리전)을 운영하는 비용도 천문학적으로 늘어가고 있어 납세자들의 불만도 높다.

각 주의 **거버너즈**(Governors 주지사)들은 Inmates가 말썽을 부리지 않고 모범적으로 복역하면 **클레먼시**(Clemency 관용)를 베풀어 형기를 단축시켜주는 권한을 가지고 있다. 또 어느 정도 형기를 채우면 사회로 복귀시키는 가석방(Parole)의 제도도 있다. 드물지만 대통령이나 Governors의 **파아던**(Pardon 사면)의 혜택을 입을 수도 있다. Clemency는 죄의 기록은 사라지지 않고 형기만 줄여주는 것이지만 Pardon은 모든 **랩 쉿**(Rap Sheet 전과기록)이 사라지고 새로운 사람으로 태어나는 제도이다.

Pardon은 대통령이나 Governors가 가지는 가장 큰 권한으로 아무리 악독한 사형수라도 권력자의 말 한마디로 모든 죄를 씻어주는 것이다. 그러나 이때껏 LWOP를 선고받은 죄수 중에 그 누구도 Clemency나 Parole(퍼로울), Pardon의 대상이 된 사람은 없다. 미국 역사상 30년 전 레이건 대통령이 살인을 저지른 정신질환자였던 사형수(Mentally-Ill Inmate)를 무기징역으로 **커뮷**(Commute 감형)시켜 준 것이 단 한번 있을 뿐이었다.

사형이 선고되면 법에 의해 대법원까지 강제적인 상고(Mandatory Appeals)가 이루어진다. 사형을 시키고 나서보니 무고한 사람을 잘못 죽인 사례가 꽤 있어서, 만에 하나 억울한 사람을 만들지 않게 하기 위해서이다. 그래서 끝날 때까지 많은 재판을 하고 국고에서 변호사
를 대고 하면 긴 시간이 걸리는
데 사형이 최종확정 되기까지
약 17년이 걸리는 것으로 나타
난다. 여기서 또 사형이 실제 집행되는 동안 8년의 시간이 흐
른다. 평균 25년의 세월이 걸리는 긴 시간을 피해자의 가족들
(Victims' Families)은 또 다른 고통에서 살아가는 것이다. 이 과정
에서 1/3정도는 감형이 되기도 하고 드물게는 무죄로 **리버스**
(Reverse 반전되다)되기도 한다. 이 모든 과정에서 희생자의 가족
들은 **코어트 히링**(Court Hearing 재판에 참석)하고 그 과정에서 고통
의 시간이 **프럴롱**(Prolong 연장)되어간다.

반면에 LWOP의 판결을 받은 자는 2년 안에 단 한 번의
Appeal(어필)만 할 수 있고 그 뒤는 **코어트 어포인터드 로여즈**
(Court Appointed Lawyers 국선변호인)도 제공되지 않고 판결은 확
정된다. 범인에 의해 살해된 남은 가족들(Survivors Of Murder
Victims)은 가슴속에 남아 있는 원한을 푸는 해원을 하고 새 삶
을 살아 갈 수 있는(Move On) 힘을 받는다. 이 가족에게 있어
LWOP는 **스위프트**(Swift 신속)한 정의의 실현이다.

어느 나라에서나 교도소는 위험하고 괴로운 곳이다. 이곳에
서 LWOP를 선고받은 죄수가 병이 들고, 늙고 죽어간다는 것
(Growing Sick, Old And Die)은 아주 **호어러벌 익스피어리언시즈**
(Horrible Experiences 끔찍한 경험)한 것이다. 피해자 가족도 이 사실
에 위로를 받을 것이다.

교도소를 흔히 Prison이라고 하지만 Jail(제일), Penitentiary(페니텐처리), Reformatory(리포어머토어리), Lockup(라컵), Slammer(슬래머), Big House(비그 하우스), Clink(클링크) 등등 여러 가지 낱말이 동의어로 쓰이고 있다. Jail은 범죄의 용의자가 되어 재판을 앞 둔 사람들이나 1년 미만의 가벼운 형을 사는 사람이 복역하는 곳으로 우리말에 '유치장'에 해당한다. Reformatory는 주로 **주버널즈**(Juveniles 미성년자)들을 가두어 두는 '소년원'을 지칭한다. Military Stockade(밀러테어리 스타케이드)는 군대의 '영창'을 가리킨다.

누더기를 입고 유랑하는 의사

The Rod Of Asclepius

미국을 비롯하여 서구에서 의료와
병원을 상징하는 것은 막대기와 뱀
(Stick And Snake)이다. 세계보건기구
(WHO, World Health Organization)의 로
고, 미국의학협회(American Medical
Association), 약봉지, 병원의 간판, 심
지어 앰뷸런스(Ambulance)의 차체
의 옆을 보아도 막대기에 감긴 뱀(A

World Health Organization

Snake Wrapped Around A Stick)을 볼 수 있다. 독이 있고 징그러워
기피하는 뱀이 왜 의학의 상징(Symbol)이 되었는가?

거기에는 놀라운 사실이 숨어있다. 그리고 자세히 관찰해 보면
이 심벌은 크게 두 가지의 버전으로 나뉘어 있다. 그 하나는 카
두시어스(Caduceus)라고 불리는 **라드**(Rod 막대기)다. 막대기를 따
라 두 마리의 뱀이 꼬여(Two Entwined Snakes) 서로 대가리를 마
주보고 있고, 위의 중앙에는 날개가 붙어 있는(Two Wings At The
Top) 형태로 1902년부터 미국육군의무대(Us Army Medical Corps)
의 로고이며, 군의무관들의 유니폼의 **인시그니어**(Insignia 휘장)에

그려져 있다.

Caduceus는 그리스 신화에서 신과 인간 사이에서 소식을 전달하는 **메선저**(Messenger 전령)인 헤르메스(Hermes)가 가지고 다니던 지팡이(Staff)에서 나온 것이다. Hermes는 **카머스**(Commerce 상업)와 **트랜스포어트**(Transport 수송)의 신이자 **트래벌러즈**(Travellers 여행자)와 **허즈민**(Herdsmen 목동)들의 **페잇런**(Patron 수호신)인 동시에 무엇보다도 신들과 인간 사이에 의사를 전달하는 Messenger의 역할을 했다. Messenger의 역을 하기 위해서 불가결한 것이 신속함(Swiftness)이어서 Hermes는 날개가 달린 신발을 신고 날아다닌다. 이 날개가 그의 지팡이(Staff)에 붙게 되었다. 어느 날 그가 날아가는 중에 두 마리의 뱀(Two Serpents)이 서로 싸우고 있는 것을 보고 Staff(스태프)를 던지자 두 짐승이 싸움을 그치고 막대기에 몸을 감았다.

옛날에는 왕의 명령을 지방 각지에 전하는 임무를 띤 사신이 있었는데 이들을 **헤럴드**(Herald 전령관)라고 했다. Herald는 '신들의 사자 Mercury의 지팡이'란 뜻의 그리스어 Caduceus가 **마더퍼케이션**(Modification 변형)된 것이다. 이들은 뱀과 날개가 달린 지팡이를 가지고 다님으로써 긴 위험한 **저니**(Journey 여로)에서 자신들의 **아이덴터퍼케이션**(Identification 신분표시)과 **프러텍션**(Protection 보호)의 상징으로 삼았다. 뱀은 일 년에 한번 **체인지스킨**(Change Skin 허물의 벗고)하고 새 피부로 태어나기에 **리주버네이션**(Rejuvenation 회춘)과 **리버쓰**(Rebirth 재생)의 상징이었고, 또 그 짐승의 교미습관에서 **퍼틸러티**(Fertility 다산)의 상징으로 알려졌다. 또 맹독을 가진 뱀의 독은 강력한 **앤티베넘**(Antivenom 해독제)으로 쓰여 뱀은 **힐러**(Healer 치료술사)를 상징하기도 했다.

또 하나의 버전은 한 마리의 뱀이 날개가 없이(Single Snake And No Wings) 막대에 감기어 있는 모습으로 아스클레피오스의 지팡이(A Rod Of Asclepius)로 불리는 것인데 세계보건기구의 심벌로 쓰이고 있고, 자세히 보면 앰뷸런스의 차체의 옆면에도 새겨져 있다. Rod Of Asclepius(라드 어브 애스클리피어스)에는 아버지에게 버림받은 한 소년이 떠돌다 의학의 신이 된 슬픈 사연이 숨어있다.

올림포스의 신 아폴로(Apollo)는 인간세상의 한 아가씨에게 사랑에 빠지게 되어 결혼을 하였다. 그녀는 그리스 북부에 있었던 나라 테살리아(Thessaly)의 공주인 코로니스(Coronis)였다. Apollo(어팔로우)는 그녀를 사랑했지만 이상하게도 Coronis(커로우니스)는 남편을 쌀쌀하게만 대하고 낮이면 숲으로 들어가 한참을 지내다 늦은 밤 집으로 돌아왔다. 수상히 여긴 Apollo는 자신의 전령(Messenger)이었던 **와잇 레이번**(White Raven 흰 까마귀)에게 그녀를 감시할 것을 지시했다. 사실은 Coronis는 인간세계의 남자를 사랑해 불륜에 빠졌고 깊은 산속에서 **트리스트**(Tryst 밀회)를 즐기고 있었다.

몇 날이 지나 돌아온 Raven은 자신이 본 것을 종알종알 일러바치는데 낯 뜨거운 장면도 하나도 빠짐없이 신이 나서 떠드는 것이었다. 화가 난 Apollo는 "왜 그놈의 눈을 쪼아 뽑아내지 않았는가(Peck Out His Eyes)"하고 Raven의 날개 죽지를 잡아 벽난

로에 집어던졌다. 타오르는 불길에 날개가 새까맣게 타 그날 이후 까마귀(Crow)는 검은 새가 된 것이다.

Apollo는 자신의 쌍둥이누나인 아르테미스(Artemis)에게 Coronis를 없애달라고 부탁하였고 누나는 화살로 쏘아 그녀를 죽였다. 화장용 장작(Funeral Pyre)을 높이 쌓아 시체를 누이고 불을 붙이려는 순간 어디선가 아기의 울음소리가 들려왔다. Coronis는 Apollo의 아기를 임신 중이었던 것이다. 불쌍히 여긴 Apollo가 그녀의 옆구리를 잘라 아기를 꺼내는데 사내아이였고 아스클레피우스(Asclepius)라고 이름지었다. Asclepius(애스클리피어스)는 **시저리언 섹션**(Caesarian Section 제왕절개)으로 태어난 최초의 아기인데 Asclepius는 그리스어로 '잘라 꺼내다'라는 의미였다.

Apollo는 자신의 아들이었지만 정을 주지 않았고 냉정하게 대했다. Asclepius는 집을 나와 떠돌아다니다 케이론(Chiron)이라는 현자를 만나게 되었다. Chiron(차이런)은 반은 사람이고 반은 말인 반인반마의(Half-Human Half-Horse) 켄타우로스(Centaur)로 예술과 음악 특히 의학(Medicine)에 깊은 조예를 가지고 있었다. 그의 밑에서 Asclepius는 스승을 능가하는 최고의 의사가 되었다. 그리고 낡은 지팡이를 의지하여 각지를 다니며 병든 이를 치료하였다. 여행 중에 그는 한 마리의 뱀이 상처를 입어 괴로워하는 것을 보고 치료를 해 주자 뱀이 그의 Staff에 기어올라 꽈리를 틀더니 언제나 그와 함께 하게 되었다. 고대의 의사들은 환자를 찾아 먼 길을 왕진을 다녔기에 Staff는 필수였다. Asclepius는 훌륭한 의술로 병자를 고쳤고, 이미 죽은 자들을 다시 살려내는 (Bring Back To Life Of The Dead) 기적을 행하고 다녔다.

이것이 지옥의 신 하데스(Hades)를 화나게 만들었고 그는 형인 제우스(Zeus)에게 그를 살려두어서는 안된다고 말한다. Zeus(주스)도 Asclepius가 정상적인 자연의 법칙(Normality Of Things And Nature)을 위반한 **애브노어맬러티**(Abnormality 비정상)를 행한다고 노하였고, **썬더볼트**(Thunderbolt 벼락)를 내려 그를 죽이고 만다. 그 뒤 그는 **가드 어브 메더선**(God Of Medicine 의학의 신)으로 숭배되었고 사원이 각지에 생겨났다.

Caduceus나 Rod Of Asclepius나 둘 다 모두 의학의 심벌로 구분 없이 널리 쓰이지만 미국육군의 의무대에서는 주로 Caduceus를 쓰고, 일반 병원이나 앰뷸런스의 차에는 주로 Rod Of Asclepius가 사용된다.

사악한 손에 관하여

Sinister

인간은 선하게 태어나는가? 맹자는 아기가 우물에 빠지면 누구라도 달려가 구하려 하지 않겠는가라고 성선설(性善說)을 주장하였다. 그러나 인간의 마음 깊은 곳에는 남이 못되기를 바라는 시기와 주위에 행복해 보이는 사람이 불행해졌으면 하는 못된 마음, 자기와 다른 사람들, **마이노러티즈**(Minorities 소수자)들에 대한 **바이어스**(Bias 편견) 그리고 **디스크리머네이션**(Discrimination 차별)이 숨어있다는 사실을 부인하기 어렵다. 그 편견의 그늘에 **레프트 핸더**(Left-Hander 왼손잡이)들이 있다. 동서양을 막론하고 고대부터 모든 문명(Civilization)에서 왼쪽은 악하고 열등한 것으로 인식되어왔다. 메소포타미아, 이집트, 그리스 그리고 로마제국에 까지 그런 인식은 계속되었다.

'사악한', '불길한'이란 단어 Sinister(시니스터)는 라틴어에서 왼쪽을 가리킨다. 유대교(Judaism) 경전 탈무드(Talmud)에 악마인 샤밀(Samael)은 하나님의 왼쪽에, 천사 마이클(Michael)은 오른쪽에서 하나님을 시위한다고 적혀있다. 영어표현에 춤을 못추는 몸치인 사람을 보고 Have Two Left Feet(해브 투 레프트 핏), '왼발이 두 개다'라 하고, Get Up On The Wrong Side Of Bed(겟 업 안 더

롱 사이드 어브 베드), '침대에서 일어날
때 잘못된 방향으로 일어났다'라고
하는데, 이때 잘못 디딘 방향은 왼쪽
이다. 왼손잡이 마누라(A Left-Handed
Wife)라 하면 본 부인이 아닌 **칸켜바
인**(Concubine 첩)을 말한다.

평생 불운이 따라 다니는 사람은 아기일 때 **프리스트**(Priest 신부
님)가 왼손으로 세례를 주었기 때문이라고 믿어졌다. 사람들은
레프티(Leftie 왼손잡이)들이 악마의 **프라퍼티**(Property 속성)를 지니
고 태어났다고 믿어왔다. 그래서 영국에서는 아이가 Leftie의
조짐을 보이면 잠자리에 들 때 침대에 왼손을 묶어 억지로 오
른손을 쓰도록 키웠다

현 엘리자베스 여왕의 아버지였던 조지6세도 Leftie로 태어
났지만 억지로 오른손잡이로 자라야 했다. 영화 〈킹즈 스피
치(King's Speech)〉에서 보듯 왕은 심한 **스태머**(Stammer 말을 더듬
다)이였고 대중앞에 나서기를 꺼려하는 **마나아크**(Monarch 군주)
였는데, 이런 결함들이 왼손잡이임(Left Handedness)이었기 때
문이라 여겨졌다. 또 Left Handedness에는 **스킷서프리니어**
(Schizophrenia 정신분열증), 자살, 동성애 등 수많은 정신질환의 원
인이 된다고 믿어져 왔다.

어릴 때 글을 읽지 못하고, 글자를 봐도 이해하지 못하는 **디슬
렉시어**(Dyslexia 난독증)도 Leftie에서 나타나는 특징이라고 한다.
영화배우 톰 크루즈, 우피 골드버그 모두 독서장애자(Dyslexic)

263

였다. Schizophrenia는 단어가 길고 어려워 그냥 Schizo(쉬조우)라고 많이 쓰는데, Dyslexia(디슬렉시어), Dyslexic(디슬렉식)와 함께 어렵지만 중요한 어휘들이다.

처음으로 범죄자들의 심리를 연구하여 범죄학의 아버지로 불리는 19세기 이탈리아의 시자리 람브로쏘(Cesare Lombroso)는 인간 뇌의 아래 부분에는 인간의 모든 추악한 본능이 감추어져 있는데 Leftie들은 이 부분에 의해 사고하고 행동한다고 주장했다. 그래서 Leftie는 자라서 '부정적 감성', '사악함'으로 발전할 경향이 강하다고 주장했다. 학자들의 꾸준한 연구에 의하면 Left-Hander의 평균수명은 보통사람보다 9년이나 적고, 여성이 40세가 넘어 출산하는 노산인 경우 Left-Hander로 태어날 확률이 훨씬 높다고 한다.

맹수나 원숭이, 개 같은 짐승들은 발을 오른쪽, 왼쪽 가리지 않고 **앰비덱스트러스**(Ambidextrous 양손을 다 잘 쓰는)한다는데 유독 인간만이 오른손잡이, 왼손잡이로 갈리어 태어난다고 한다. 그리고 어느 시대나 동서양을 가리지 않고 100명의 아기가 태어나면 10~12명은 Leftie가 된다고 한다. **앤쓰러팔러지스트스**(Anthropologists 인류학자)들이 4만 년 전의 **니앤더쏠**(Neanderthal 네안데르탈인)가 쓰던 구석기를 연구해본 결과 그때에도 100명 중 10~12명이 Leftie로 밝혀졌다.

이 모든 부정적인 추측에도 불구하고 Leftie는 체육과 예술적인 면에서 뛰어난 자질을 보이며 높은 지능을 나타내는 것으로 밝혀지고 있다. 아이작 뉴턴, 아인슈타인, 찰스 다윈, 다빈치 등이 모두 Leftie들이다.

또 토론이나 논리적인 면에서 뛰어나 처칠, 빌 클린턴, 오바마, 도널드 레이건, 제럴드 포드 등 유능한 정치가, 연설가 등이 모두 Leftie들이다. 스포츠에도 많은 Leftie들이 두각을 나타내는데 스포츠에서 왼손잡이를 사우스포(Southpaw)라고 한다. 성경에 나오는 뛰어난 **워리어즈**(Warriors 전사)들은 거의 다 Leftie로 이스라엘의 벤자민 부족(Benjamite)이 그 대표적이다.

한국사람들이 **덱스트러스**(Dextrous 손재주가 뛰어난)한 것은 잘 알려진 사실인데 이 Dextrous란 단어에서 Dexter(덱스터)는 라틴어에서 오른쪽을 나타낸다.

'양손을 똑 같이 능숙하게 쓰는 것'을 영어에서 Ambidextrous(앰비덱스트러스)라 하는데 100명 중 1명만이 Ambidextrous라고 한다. 단어 앞에 혹은 Ambi- 혹은 Amphi-가 붙으면, '둘' 혹은 '양쪽 모두'를 가리키는 것으로 개구리같이 물이나 땅 양쪽에서 능숙하게 사는 '양서류'는 Amphibia(앰피비어)라 하고 전투에서 수륙양용차는 Amphibian Tank(앰피비언 탱크)라 한다.

알아두면 세상 살아가는데 아무 도움이 안되는 이야기

Trivia

Wd-40

기계류를 다루는 사람들 중에 Wd-40를 모르는 사람은 없을 것이다. 이것을 뿌려주면 공업기계의 소음제거, 방청, 기름때 제거, 세정 등 만능으로, 특히 **루브리케이션**(Lubrication 윤활)에 경이적인 성능을 자랑한다. 일반 가정에서도 자전거나 차량, 공구 등이 잘 작동하지 않는 곳에 뿌려주면 신기하게도 부드럽게 움직인다. 사실 Wd-40은 이 제품을 개발한 회사이름이지만 제품의 이름에 그대로 쓰이게 되었다. 1953년 당시 최첨단이었던 대륙간미사일 Sm-65 Atlas Icbm의 표면의 부식을 막을 목적으로 개발되었는데, 그 **포어멀러**(Formula 제조법)를 완성하는데 번번이 실패하여 40번째 시도(40th Attempts) 끝에 성공하였다. 이 Formula는 **트레이드 시크릿**(Trade Secret 기업비밀)으로 아직 그 비법을 아무도 모르고 있는데, Wd-40는 Water Displacement- 40의 약자이다.

스카치 테이프

1920년대에 첨단소재 개발회사
3M은 22세의 **칼리지 드라파우트**
(College Dropout 대학중퇴자)였던 리차

드 드류(Richard Drew)라는 발명가(Inventor)를 고용하여 제품개
발부에 근무시켰다. 그는 우연히 한 페인트공이 자동차에 도색
작업을 하고 있는 것을 보게 되는데, 그는 페인트가 묻지 말아
야 할 곳을 신문지에 풀을 칠해 **매스크**(Mask 가리다)하여 칠을 하
고 있었다.

그런데 가린 부분을 떼자 벗긴 부분에 **애드히시브**(Adhesive 접
착제)가 남아 **스티키**(Sticky 끈적거리는)했고, 그 가린 **섹션**(Section
부분)의 표면마저 묻어나오는 것이었다. 또 방금 칠한 페인트
의 **디마아케이션**(Demarcation 경계)도 깨끗하지가 않아 자동차
도색공(Automotive Painter)은 화를 내며 욕설을 퍼붓고 있었다.
Richard(리처드)는 그에게 자신이 좋은 테이프를 개발해 주겠다
고 약속하고 연구에 들어갔다.

얼마 후 그는 자신이 발명한 2인치 넓이의 **매스킹 테입**(Masking
Tape 가림테이프)를 만들어 도색공에게 가져가 시험해 보라고 자
신만만하게 말했다. 그 Masking Tape은 위, 아래에만 가늘게
접착제가 묻어 있었고 중간에는 아무 것도 칠해 있지 않았는데
목적은 원가를 아끼기 위해서였다. 그러자 Masking Tape의 중
간이 불룩 튀어나와 작업이 불편했고 까탈스러웠던 페인트공
이 이렇게 소리쳤다.

"이 거 **마이저**(Miser 짠돌이), 너희 스코틀랜드인 사장(Scotch Boss)에게 가져가 풀을 좀 더 칠해라 해라!"

그 말은 스코틀랜드인들(Scottish)은 인색한 **페니 핀처**(Penny Pincher 구두쇠)라는 인식이 있었기에 **레이셜 슬러**(Racial Slur 민족비하)의 의미가 담긴 멸시의 말이었다. 지금도 사전에 Scottish(스카티쉬)란 단어는 '인색한'이라고 나와 있다. 당시의 3M의 사장을 지칭한 것이었는데 이 모욕적인 발언이 그대로 제품의 이름 Scotch Tape(스카치 테입)이 되었다. 오늘날 Scotch Tape는 투명한 셀로판테이프(Cellophane Tape)로 출시되고 있다.

세븐일레븐
지금은 대부분의 **컴퍼니 셰어즈**(Company Shares 지분)가 일본기업에 있어 일본계 편의점(CVS Convenience Store)으로 알고 있지만 사실 세븐일레븐은 미국에서 탄생했다.

프리지(Fridge 냉장고)가 없던 시절, 미국에선 겨울에 강의 얼음을 채취해와 동굴에 보관해 놓고 여름에 판매하던 점포가 있었는데, 이것을 얼음집(Ice House)이라 했다. 일종의 석빙고였던 것이다. 90여 년 전 텍사스 주의 댈러스에서 죠 톰슨(Joe Thompson)이라는 Ice House(아이스 하우스)의 한 점원이 가게 앞에 삶은 달걀, 우유, 빵 같은 것을 **스탠드**(Stand 좌판)에 놓고 팔았는데 대박이 났다.

1947년에는 아침 7시에서 밤 11시까지 가게 문을 열었는데 당시로는 획기적인 일이었고, 전 미국에 큰 화제가 되었다. 세븐 일레븐이라는 이름은 여기서 유래하였다.

애플의 로고

애플의 **파운더**(Founder 창업자)였던 스티브잡
스와 스티브 워즈니악은 영국의 천재 물리학
자인 아이작 뉴턴이 사과나무 아래서 사과가
떨어지는 것을 보고, 중력(Gravity)을 발견한 것에 대단한 매력
(Fascination)을 느꼈다. 그래서 초창기의 애플의 로고(Logo)는 사
과나무 아래에 앉아있는 뉴턴의 그림이 회사의 **심벌**(Symbol 상
징)로 사용되었다. 요즘에 와서 사과만 하나 달랑 로고로 쓰이
고 있는데 이상하게도 사과가 한입 베인 모습이다.

왜 그럴까? 컴퓨터의 용량을 나타내는 단위는 바이트(Byte)인
데, 킬로, 메가, 기가 테라 등으로 바이트는 기하급수적으로 발
전해 왔다. Byte는 컴퓨터시스템을 구성하는 **파운데이션 스토
운즈**(Foundation Stones 주춧돌)인 셈이다. 이 Byte란 단어가 '깨물
다'란 Bite와 발음이 같기에 사과를 한입 베어(Bite) 문 그림이
회사의 **엠블럼**(Emblem 상표)이 되었다. 회사를 한 눈에 나타내
는 이미지인 상표는 Logo(로우고우), Symbol, Emblem(엠블럼),
Trademark(트레이드마크) 등으로 나타낼 수 있는데 같은 듯,
서로서로 미묘하게 의미가 틀린다.

비가 억수로 온다는 것

영어에서 '비가 엄청나게 내릴 때', It Rains Cats And Dogs(잇 레인즈 캣스 언드 다그즈)라는 표현을 쓴다. 그런데 엄청난 폭우에 개구리나 새가 함께 내렸다는 기록은 있지만 고양이와 개가 섞이어 내린다는 것은 불가능한데 왜 이런 비유가 나온 것일까?

북유럽 신화인 노르드 신화(Norse Mythology)에 오딘(Odin)은 전지전능한 최고신이었는데 특히 **바이얼런트 레인스톰**(Violent Rainstorm 폭풍우)을 일으키는 기후의 신이었다. Odin(오우딘)의 곁에는 항상 고양이와 개가 따라다녔는데, 고양이는 비를 내리게 하고 개는 바람을 몰고 다니는 것으로 믿어졌다. 유럽에서는 거친 폭풍우는 이 두 짐승이 데리고 온다고 믿어 Raining Cats And Dogs란 수사가 생겨났다.

섭씨와 화씨

덥고 추운 정도를 수치로 나타낸 온도는 섭씨(℃)와 화씨(℉)로 크게 나뉜다. 전 세계가 **셀시어스**(Celsius 섭씨)를 쓰는데, 오직 미국만 **페런하이트**(Fahrenheit 화씨)를 사용한다. Fahrenheit는 **프리징 포인트**(Freezing Point 물의 어는 점)를 32°(32 Degree)로 하고 **보일링 포인트**(Boiling Point 끓

는 점)을 212°로 총 180°로 나눈 것으로 1724년 독일의 **피지시스트**(Physicist 물리학자)이자 기술자였던 다니엘 파렌하이트(Daniel Fahrenheit)가 기준을 정하였다. 2년 뒤 스위스의 천문학자 안데르스 셀시우스(Anders Celsius)는 '물의 비등점과 빙점'(Boiling And Freezing Point Of Water)을 100으로 나눈 온도계를 개발하는데 이것이 **센터그레이드 스케일**(Centigrade Scale 백분법 눈금 온도계)로 불리우며 널리 쓰이게 되었다. **써마머터**(Thermometer 온도계)의 섭씨와 화씨는 개발자의 이름에서 따 온 것이다.

한 달 내내 다른 맛

배스킨라빈스(Baskin-Robbins)는 아이스크림 외에 쉐이크음료, 케이크, 파이 등등 다양한 먹을거리를 파는 세계적인 다국적 프랜차이즈회사이다.

그러나 이 거대기업은 1948년에 처남매부지간(Brother-In-Laws)이었던 버턴 배스킨(Burt Baskin)과 어바인 로빈슨(Irv Robbins)이 서로 다른 잡화가게를 운영하다가, 1953년 서로 합쳐서 아이스크림전문 가게로 캘리포니아 주에서 오픈하였다. 지방의 한 **애드버타이징 에이전시**(Advertizing Agency 광고대리점)에서 단순한 메뉴에 단조로운 맛에서 벗어나 한 달 내내 31간 서로 다른 **플레이버**(Flavor 풍미)를 지닌 다양한 아이스크림을 선보이는 것이 어떤가하고 제안을 하고, 그 제안은 소비자들의 큰 호응을 받게 되었다. Baskin Robbins의 현재 로고에는 31라는 숫자가 교묘하게 **인스크라이브**(Inscribe 새겨저) 되어있는 것은 여기서 유래가 되었다.

아보카도

미국대륙이 발견되기 전 중남미에는 아즈텍 족(Aztec)이 살고 있었고 그 지방에서는 아보카도(Ahuacatl)란 과일이 토종으로 나고 있었다. Ahuacatl(아와커틸)는 아즈텍어로 **테스티컬**(Testicle 고환)을 뜻하는 말이었다. 그들이 보기에 모양이 꼭 성인남자의 그것과 닮았고 또 그 과일이 **애프로우디지액**(Aphrodisiac 정력제)의 역할을 해서 남자에게 좋다는 믿음에서였다. 당시에 유럽에서는 아보카도가 없었는데, 이 지역을 점령한 스페인인들이 그 이름을 Aguacate(애귀케이트)라 서구에 소개했고 뒤에 Avogato(아보우가토우)가 되었다가 영어로 Avocado(애버카도우)가 되었다. 뒤에 Avocado는 생김새가 **페어**(Pear 배)를 닮았다해서 Avogato Pear(아보우가토우 페어)로 불리다가, 과일껍질의 모양이 **앨러게이터**(Alligator 악어)의 그것처럼 꺼칠꺼칠해 Alligator Pear(앨러게이터 페어)로 불리기도 했다. 그 뒤 점점 Avocado가 정식명칭이 되었고 영양적으로 우수식품으로 인정되어 고가의 과일이 되었다.

테디 베어

1902년 당시 미국대통령 시어도어 루즈벨트(Theodore Roosevelt)는 친구들과 함께 미시시피 강가로 **헌팅 트립**(Hunting Trip 사냥여행)을 떠났다. 그러나 한참을 지나도 변변한 사냥감을 발견하지 못 했고 일행은 초조해 지게 되었다. 그러다 무리에서 떨어진 한 마리의 **베어**(Bear 곰)를 발견하고 포위하여 공격을 가해, 곰은 상처를 입고 포위되게 되었다.

친구들이 Theodore(씨어도어)에게 마지막으로 총을 쏘아 사냥 대회 우승트로피를 타라고 제안했다. 그러나 Theodore는 이를 거부하고 곰을 놓아 주라고 말한다.

대통령을 수행했던 기자단이 이 인간적인 이야기를 대서특필 하였고 그 이야기는 국민들에게 따뜻한 감동을 주었다. 한 신문사의 클리포드 베리맨(Clifford Berryman)이란 **카아투너스트**(Cartoonist 만화가)가 이 곰을 신문의 **카아툰**(Cartoon 삽화)에 실었고, 그 Cartoon을 본 브룩클린의 한 가게 주인이 곰의 인형을 만들어 판매하고 싶어 했다.

가게 주인은 대통령에게 편지를 보내 이 인형의 이름을 Theodore의 애칭인 테디(Teddy)를 넣어 테디베어(Teddy's Bear)로 해줄 것을 부탁하였고 **퍼미션**(Permission 허가)이 났다. 오늘날 누구나 아는 Teddy Bear의 이름의 내막에는 현대의 신화(Modern Mythology)가 숨어있다.

벨크로

아이들이 신는 신발에는 줄 대신 **벨크로우 스트랩스**(Velcro Straps 찍찍이)가 붙어 조이는 역할을 하며, 어른들의 옷소매에도 꺼칠한 잠금장치가 있어 여미는데 편리하게 이용된다. 우리말에는 없는 이 조임장치를 영어로 벨크로(Velcro)라고 한다. 1941년 스위스인 전기기술자였던 죠지 드 메스트랄(George De Mestral)은 애견과 함께 알프스로 산책을 가게 되었다. 그때 들꽃의 **버**(Burr 꺼칠한 씨앗)가 개의 털에 묻어 떨어지지 않아 애를 먹었다.

그가 Burr을 떼어내어 자신의 집 실험실에서 현미경으로 관찰해 보니 수많은 **훅스**(Hooks 갈고리) 모양의 돌기가 나 있는 것을 보았고 거기에서 아이디어를 얻었다. 그리고 천이나 펠트(Felt)의 표면에 난 미세한 **룹스**(Loops 고리모양)의 형상과 결합시키면 편리한 잠금장치가 된다는 것을 발명해 특허를 내었다.

Velcro(벨크로우)란 단어는 프랑스어로 고리(Hook)를 뜻하는 Velours와 고리(Loop)인 Crochet가 합쳐져 생긴 신조어 합성어(Compound)이다.

쇄골

기원전 700년경 지금의 이탈리아 반도의 중부와 북부에는 에트루리아 사람들(Etruscan)이 살고 있었다. 제국을 건설했던 로마인

274

은 아직 숲속에서 미개인의 생활을 할 때였다. 그들은 새를 신과 인간을 이어주고 신의 섭리를 전하는 **오어러클**(Oracle 신탁) 사제로 여기며, 새가 다가올 일을 예언을 해 주는 능력이 있는 것으로 믿었다. Etruscan(잇러스컨)은 명절에 먹으려고 칠면조 (Turkey)나 **덕**(Duck 오리), **치컨**(Chicken 닭)을 도축하여 가족이 둘러 앉아 고기를 다 먹은 후 가슴뼈 위에 있는 **퍼컬러**(Furcula 차골)란 뼈를 따로 모아 햇볕에 잘 말려둔다.

Furcula는 인간으로 치면 '쇄골'로 Collarbone(칼러보운)혹은 Clavicle(클래버클)로 불리는 부분이다. 뼈가 잘 말라 바싹해지면 두 사람이 서로 마주앉아 마음속에 소원을 빈다. 그리고 갈라진 **보운**(Bone 뼈)의 끝부분을 잡고 당겨 부러뜨리는데 긴 쪽을 잡은 사람의 **위쉬**(Wish 소원)가 이루어진다고 믿었다. 그래서 Wishbone(위쉬보운)이라는 단어가 생겨났고 가족, 형제사이의 즐거운 오락이 되었다.

모기

세상에서 가장 많이 사람을 죽이는 것은 무엇일까? 전쟁일까? 자동차? 아니면 지진 같은 천재지변일까?

의외로 답은 모기이다. 매년 수 억 명이 모기에 의해 병에 감염되고(Mosquito-Borne)

약 100만 명이 목숨을 잃는데 전쟁, 자동차, 자살, 암, 천재지변을 다 **캄바인**(Combine 합친)한 것보다 더 많은 사망자를 낸다.

영어에서는 모기가 무는 것을 Bite(바이트)로 써서 '한 입 베어 물다'로 하는데 모기의 별명이 날아다니는 주사기(Flying Syringe) 인 것을 감안하면 '찔리다'라고 해야 쓰임에 맞아 보인다.

모기나 곤충의 빨대 같이 긴 주둥이를 어려운 단어로 **프로우바서스**(Proboscis 튜브같이 생긴 입)라 하는데, 모기의 Proboscis를 현미경으로 관찰해 보면 앞부분에 47개의 날카로운 **에저즈**(Edges 모서리)가 나있고 이 Edge(에지)가 소위 모기의 **티쓰**(Teeth 이)인데 이것들이 사람의 피부를 톱처럼 쓸며 빨대를 박아 넣는다고 한다. 우리말 '모기에게 물리다'가 아니라 '톱질당하다'가 정확한 표현인 것이다.

INDEX

재미있게
읽다보면
외워지는
영어 숙어 단어

초판 1쇄 발행 2020년 04월 20일

지은이 박진호
펴낸이 김왕기

펴낸곳 (주)푸른영토
주소 경기도 고양시 일산동구 장항동 865 코오롱레이크폴리스1차 A동 908호
전화 (대표)031-925-2327, 070-7477-0386~9
팩스 031-925-2328
등록번호 제2005-24호(2005년 4월 15일)
홈페이지 www.blueterritory.com
전자우편 book@blueterritory.com

디자인 푸른영토 디자인실

ISBN 979-11-88292-97-4 03320
ⓒ 박진호, 2020